副島隆彦

お金で騙される人、騙されない人

GS幻冬舎新書
160

まえがき

私は、これまでに金融・経済の本をたくさん書いてきました。それなりの評価をいただいています。

気になることがあって、それは、日本の投資家や経営者たちは、ここ数年の金融の大激動で一体、どれくらいの損をしているのか、ということです。統計資料がないのです。政府も金融業界も、お金《かね》（投資）で大損をした人々の実態、実情を少しも明らかにしないのです。

この本は、実際にお金で失敗したことのある人たちに向けた本です。しかし、それだけではなくて、それほど資金（資産）のない普通の人たちにも読んでいただきたい。「お金で騙《だま》されない」ようにするための大切なことをたくさん書いています。

これまで自分が苦労して貯《た》めた、なけなしの預金を金融商品に投資して、この3年間で大きな損をしてしまった人たちが、日本全国にたくさんいます。テレビのＣＭや新聞広告に洗脳されて、「少し貯まったら株や投資《とうし》信託《しんたく》（ファンド）や外貨預金をして自己資金を増やそう。小金持ちになろう」という甘い考えを持っている人が大勢います。自分だけは騙されない、と思っています。

実際に、騙されて損をした人たちの損害額には当然、個人差があります。いちばん少ない人で５００万円くらい、多い人で２億円とかを吹き飛ばした人たちです。本書では、この人たちの苦しみと嘆きの事例（ケース）をたくさん集めてみました。

「かんぽ生命　保険金不払い　9万件、79億円超に　旧郵政公社時、03～07年分」
（毎日新聞　２００９年12月26日）

「銀行販売の年金保険注意　トラブル急増　国民生活センター呼びかけ」
（読売新聞　２００９年７月23日）

「未公開株200億円売り2社破綻　数千人が出資、事件へ発展も」
（共同通信　２００９年６月14日）

「投資信託概況：公募投信運用損　28兆円　株安、円高で過去最大――08年」
（毎日新聞　２００９年１月20日）

このように、生命保険や年金保険、株式、投資信託、外国為替（円ドル相場）などの、「お金商品」で大損をした人々が、世の中に何百万人もいることがはっきりしています。ところが、それらの被害の実情や被害総額を報告してくれている資料は、まったく表に出ません。何かおかしい気がします。

どうして私たちは「命の次に大切な自分のお金」のことで、いとも簡単に騙されて大損してしまうのでしょうか。また、自分はお金のことで騙されない、うまくやれると自己を過信してしまいます。その結果あなたもこの先、損をしてしまうのです。

お金での失敗の具体事例を次々と取り上げながら、みなさんと一緒に考えていきましょう。

Pick up!

「投資信託なら安全そうだし資産を増やせそう…」
その安易さがアブない ➡ **P52**

Pick up!

値下がりした米ドル建ての外貨預金を〝塩づけ〟にしたまま泣いている人は多い ➡ **P130**

Pick up!

CMや新聞で〝安心〟を強調する保険広告を鵜呑みにするとあとで痛い目に遭《あ》う ➡ P117

お金で騙される人、騙されない人／目次

図版・付録作成 ㈲美創
写真協力 読売新聞社
著者写真 山口貴弘

第一章 あなたのお金は銀行、証券、生保に狙われている

知られざる"金融大損"の実態

これまでみなさんは、お金儲《もう》けのいい話ばかり聞かされてきました。テレビや新聞の広告でも投資の商品があふれています。

証券マンや生保レディや銀行マンの甘い言葉を鵜呑《うの》みにして、気楽に買ってしまって、その結果、ひどい目に遭《あ》いました。「どうしてこんなに損が出たのですか」と問い合わせると、担当者の態度は変わる。彼らの手のひらを返したような冷たい対応に憤《いきどお》りながらも結局、一人ひとりは何もできず、泣き寝入りしています。こういう人たちが、日本国中にたくさんいるのです。それこそ何百万人も。誰にも言えず、相談もできず、一人で悲しんでいます。損をして元本《がんぽん》（投資したお金。最近はこれを原資《げんし》とか原資金《げんしきん》とも言います）が半分になってしまった報告書を握りしめてオロオロしています。たとえば、購入した投資信託（ファンド）の原資が1000万円だった人は、ひどい時期には、300万円にまで評価額が値下がりしています。実に7割減の惨状です。

いまさら急に解約することもできない。なぜなら解約して残金《ざんきん》を取り戻そうとすると、実損《じっそん》（実際に出てしまう損失額）が確定してしまって、苦しみが増すからです。実損が出

図表1　ハイ・イールド・ボンドファンドとノックイン型(日経平均連動型)投資信託のPR

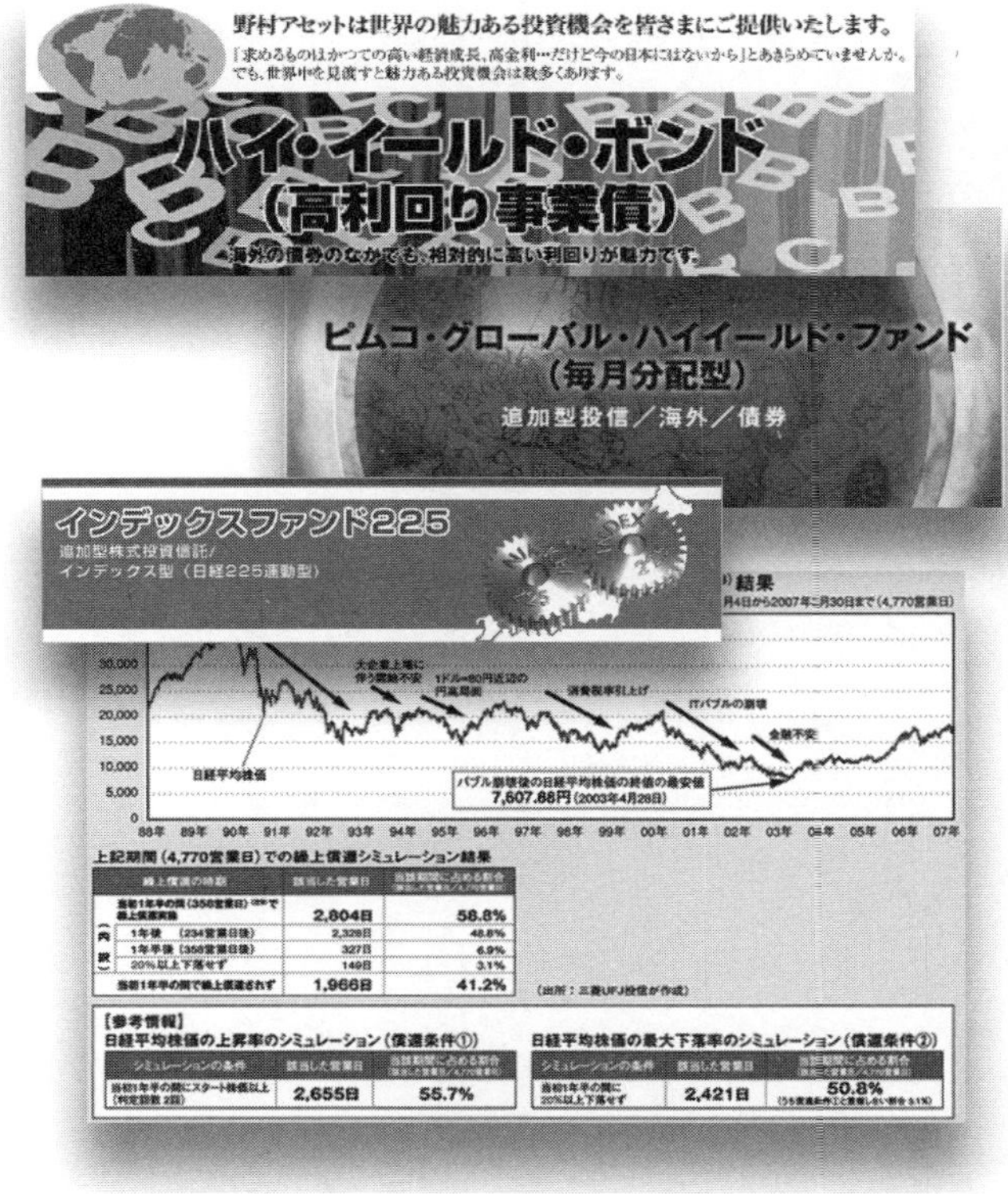

副島隆彦註　これらの仕組み債が本当はどれくらい危険なものであるか、皆、知らされていない。

ると、それまでの「評価損」では済まなくなって泣き出したくなります。

〝サブプライムローン崩れ〟（2007年8月17日）と〝リーマン・ショック〟（2008年9月15日）からあとの、この過去の3年間を振り返っても、世の中全体では巨額の被害が出ています。日本だけでの話ではありません。世界中で、投資家たちが今も泣いているのです。それなのに、株式や債券や投資信託《ファンド》、特殊な保険商品などを買って損をした人たちの、具体的な事例は社会の表面にはほとんど出てきません。売り主としての責任があるはずの銀行や証券、生保などが、テレビ局や新聞社にそれとなく圧力をかけて、被害の実情を私たち国民に知らせないようにしているからです。損をした人たち自身は、自業自得での損だから、恥ずかしいからと誰にも言いません。親しい友人や親戚にさえ、真実を語りません。だから大きな真実の話が世の中にまったく広まりません。

テレビや新聞は、意図的に、これらの大損して泣いている人たちの話を表に出しません。それはなぜでしょう。

一つには、金銭問題は個々人の問題であって、プライバシー（私生活の秘密）にかかわるから、記事や番組にしません。しかし、ものすごい数の大損した人々がいるのです。現に、損をした人たちの嘆きや、問い合わせのメールや手紙が、これまでに私のもとに何百通ときています。私は金融・経済関係の本を近年たくさん出版して、数年前から「もうそろそろ危ないですから、みなさん気をつけてください」と書いてきました。お金についての私の講演会でも、話が終わったあとに、「元《もと》のお金が半分に減りました。先生、どうしたらいいでしょうか。今、解約すべきでしょうか」と、泣きついてくる人たちがたくさんいます。それなのに、なぜこの深刻な問題が世の中で少しも公共の課題《パブリック・アジェンダ》にならないのか、私は不思議でならない。

これらの〝金融大損〟の実情が、テレビ、新聞で大きく取り上げられない理由は何か。それは、名だたる証券会社、生保、銀行が番組のスポンサーや広告主となっていて、テレビ、新聞、雑誌に対して大きな力をもっているからです。投資家のほとんどが被《こうむ》っている〝金融大損〟の実情が世の中に広がることを、彼ら金融機関が邪魔しているのです。非常に腹だたしいことです。

日本の新聞やテレビは、世の中の人々がどれくらいお金の運用で損をしたのか、もっと公開すべきだ。これからも、もっと出てくるであろう被害者の実情を社会に知らせて、国民としての備えを行うべきだ。すでに買い込んだ（契約済み）分はもう仕方がない。新たに被害者になる人々を増やさないようにすべきだ。そのために、どうして人々がこのように大損したのかを、私はこの本で12の実例を示しながら、みなさんに警告したい。

このことを金融業界の人々が誰もやらないから、私がこの一冊の本にまとめたのです。「一度騙《だま》された人は、二度騙される」と言われます。お願いですから、もう二度と騙されないようにしてください。うまい話が目の前にやってきた人々は、ここで気を引き締めて、「待てよ」と思ってください。うまい儲け話などそこらに転がってはいません。そういう話を持ちかけてくる人が本当に大儲けするのなら、人に話さないでその人が自分でやるでしょう。世の中は騙しで満ちています。

今の厳しい世の中を賢く生き抜いていくために必要な心がけ（心得《こころえ》）は何でしょうか。それは次の三つです。①**注意すること** ②**ほんのわずかでいいから「変だな」と疑ってみること**です。そして常に ③**警戒心をもつこと**です。

この三つ、①注意力 ②疑うこと ③警戒心をわずかでももつこと。そうすれば、あなたは大きな危険から逃れることができます。突然、崖《がけ》から落ちてしまうような人生の大失敗をすることはないでしょう。

ほんのかすかでも疑う気持ちがありさえすれば、そのとき、あなたは危険な金融商品を買わなくて済みます。あとあと苦しまなくて済みます。命《いのち》の次に大事なのはお金《かね》です。こ

図表2　金融商品のリスク説明

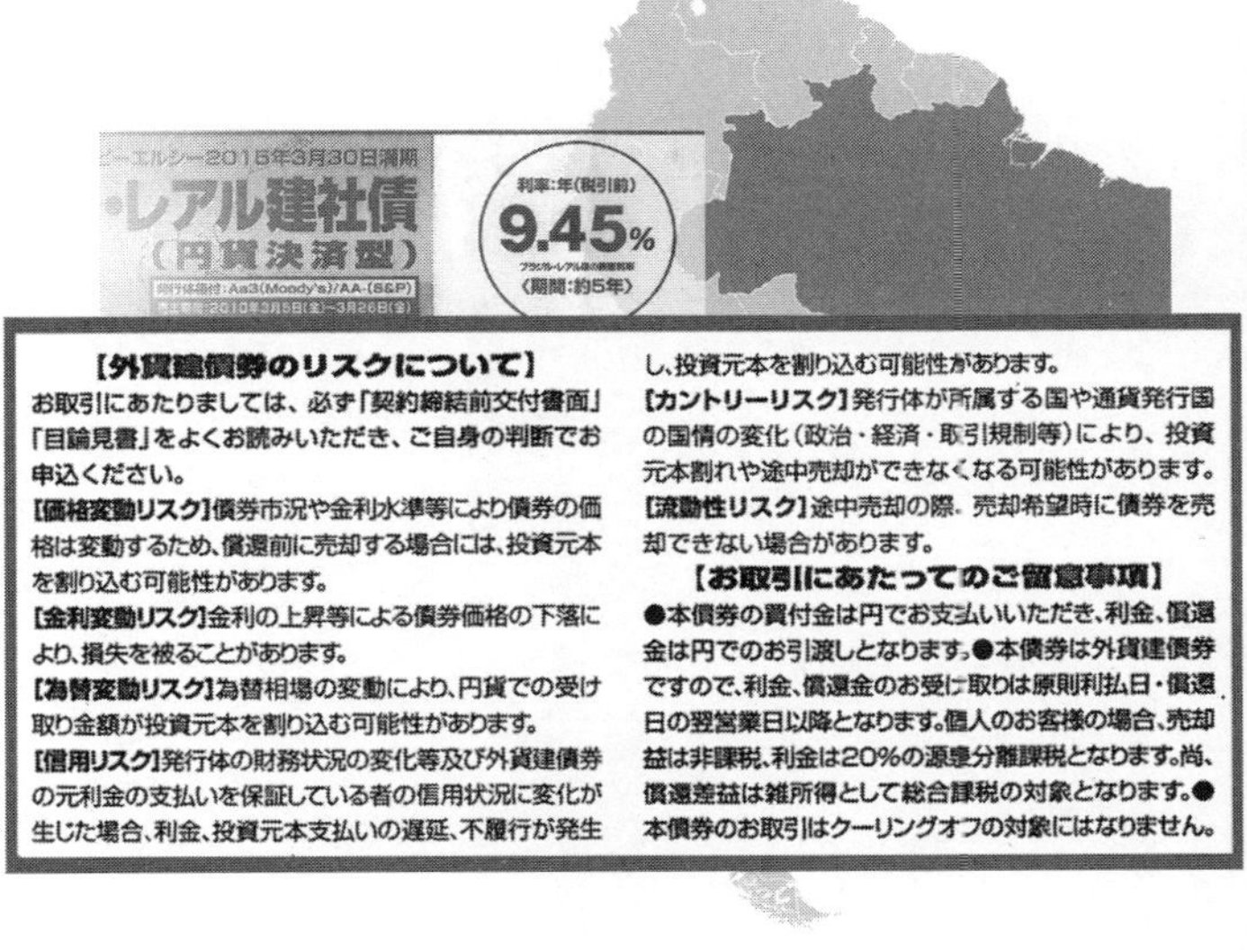
エルシー2015年3月30日満期
・レアル建社債
（円貨決済型）
Aa3(Moody's)/AA-(S&P)
利率：年（税引前）
9.45%
〈期間：約5年〉

【外貨建債券のリスクについて】

お取引にあたりましては、必ず「契約締結前交付書面」「目論見書」をよくお読みいただき、ご自身の判断でお申込ください。

【価格変動リスク】債券市況や金利水準等により債券の価格は変動するため、償還前に売却する場合には、投資元本を割り込む可能性があります。

【金利変動リスク】金利の上昇等による債券価格の下落により、損失を被ることがあります。

【為替変動リスク】為替相場の変動により、円貨での受け取り金額が投資元本を割り込む可能性があります。

【信用リスク】発行体の財務状況の変化等及び外貨建債券の元利金の支払いを保証している者の信用状況に変化が生じた場合、利金、投資元本支払いの遅延、不履行が発生し、投資元本を割り込む可能性があります。

【カントリーリスク】発行体が所属する国や通貨発行国の国情の変化（政治・経済・取引規制等）により、投資元本割れや途中売却ができなくなる可能性があります。

【流動性リスク】途中売却の際、売却希望時に債券を売却できない場合があります。

【お取引にあたってのご留意事項】
●本債券の買付金は円でお支払いいただき、利金、償還金は円でのお引渡しとなります。●本債券は外貨建債券ですので、利金、償還金のお受け取りは原則利払日・償還日の翌営業日以降となります。個人のお客様の場合、売却益は非課税、利金は20%の源泉分離課税となります。尚、償還差益は雑所得として総合課税の対象となります。●本債券のお取引はクーリングオフの対象にはなりません。

副島隆彦註　たいていの新聞の広告には「外債ファンドを購入する時につきまとうリスク」の説明書きが上記のようになされている。「通常6種類のリスク（危険）」と呼ばれている。外債（外貨建て）ファンド（投資信託）を買うということが、どれぐらい恐ろしいことなのかを、売っている銀行・証券会社だけでなく、私たちは本気で誰も知ろうとしない。「リスク説明の義務を業者に厳しく課した」ということで金融の監督庁が責任逃れをしようということである。

れは言い過ぎでしょうか。自分の生命の次に大事なのは、愛する人とか真心《まごころ》とか優しさだ、と言うべきだと思っている人も多いでしょう。しかし、「生命の次に大事なのはお金だ」と、世の中の酸《す》いも甘いも嚙《か》み分けてきた人は言います。もっと本気で自分の大切なお金のことを考えましょう。

社会的信用の高い企業が詐欺師集団だった

金融商品を売る場合には、金融業界にいる人々は、お客に「リスクを説明する義務がある」と言われています。これは現在では、大変厳しいルール（法律）になっています。かつては、証券取引法《しょうけんとりひきほう》という法律で、証券マンたちはこの「リスク説明義務」を課されていました。現在では、金融商品取引法《きんゆうしょうひんとりひきほう》（略して金商法《きんしょうほう》）でさらに細かく商品リスク（危険）の説明義務が課されています。23ページに載せた新聞宣伝広告にもあるように、「6種類のリスク」とかを、金融商品に宣伝とともに記載しなければならなくなっています。

今では、もうかつての騙しのプロなどという人々が存在できないくらいに、法律による締めつけが厳しくなっています。「わざと話をあいまいにして証券マンが金融商品の勧誘の話を進める」などというような甘い時代ではありません。今日では、超一流の証券会社や大銀行が、私たちを頭から丸ごと騙してきます。アメリカで開発され、組み立てられたまるっきり詐欺《さぎ》としかいいようのない商品を、日本国内で組み立て直して売りつけてきます。しかも、ご丁寧にリスク説明条項がビッシリと書類に書いてあります。証券会社も銀行も生保も、そして監督庁である金融庁も、自分たちがあとで責任をとらないでいいように初めから仕組みます。それくらい世の中は厳しくなっているのです。

たとえば、1000万円の元手《もとで》金《きん》（原資）が半年後には500万円に減ってしまうような商品が今もゴロゴロしています。それらを立派な肩書きの、社会的信用が高いとされている証券、生保、銀行が今も堂々と売っています。投資金が半分に値下がりしてしまっても、自己責任です、と押し切られて誰にも文句は言えないようになっています。

客が契約内容をわかっているかどうかなどは、そもそも問題になりません。そもそも「金融商品」とは何なのかが、誰もわかっていないのです。

金融商品というのは、洋服や自動車や食べ物やマンション（鉄筋アパート）を買うのとは訳が違うのです。初めから夢を売っているというか、あぶくを売り買いしているようなものなのです。

もっと女性に実感があるように言うと、金融商品とは、体中にたまった皮下脂肪のようなものなのです。超高級なタンパク質と脂肪と水が、ドロドロに混ざり合った固まりのようなものなのです。この皮下脂肪（余分な脂）が5kg分も、ある日、急に自分の体重から消えてしまったら。どんなにうれしいことでしょう。そうやって、500万円のお金がある日消えてなくなるのです。「お金を損してなくす」ということは、本当は、ものすごくゾクゾクするほど楽しいことなのかもしれません。再度、強調しますが、投資とか金融商品を買うなどという行いは、それ自身がもともと、人間の生活にとってどうでもいいことなのです。夢の世界に生きているようなものなのです。自分と家族がこれから先、生きてゆくために必要な資金だとわかっていても、なぜか簡単に、投資商品に置き換えます。危険きわまりないことです。

相手の金融マンは、あなたが契約してくれれば、あとは知ったことではない、売ってしまった者勝ちである、と本音で思っています。彼らには、報酬《ほうしゅう》としての手数料が入るのです。あるいは、給料の中に入っている職業上の努力の分です。

証券マンや生保レディ、銀行マンは、契約をとらなければ利益が出ないので、自分たちのクビが危ないのです。そういう彼らに、厳しく「客に商品のリスクの説明義務を果たせ」と法律で命令すること自体が、本当は茶番劇《ちゃばんげき》なのです。本音の本音は、金融業界を監督している役人たちが責任をとりたくないという一心からできている、その山のような法律の数々によるものなのです。

一瞬のうちになぜ騙されるのか

近年、公的年金への不信感から、個人年金に入る人たちが増えました。そのトラブルの実例が、読売新聞の２００９年７月23日に載りました。ひどい目に遭ったのは、70歳代の女性です。記事の一部を引用します。

ケース1

「銀行販売の年金保険注意
トラブル急増　国民生活センター呼びかけ」

鹿児島県の70歳代の女性は昨年8月、銀行の販売員から個人年金保険を勧められた。女性は「元本は必ず返ってくるのね」と何度も念を押したが、500万円の変額個人年金保

険を契約させられていた。3か月後、問い合わせると「いま解約すると400万円です」と言われた。（傍点、引用者）

（読売新聞　2009年7月23日）

このように、70歳代のおばあちゃんが一瞬のうちに騙されています。この事例では、「元本が保証されている」かどうかが問題の中心です。この記事にあるように、個人で入る年金（として受け取る）保険の商品であるのだが、それが「変額個人年金保険」という商品だったのです。急に商品名がすり替わって「変額《へんがく》個人年金」という商品に替わったのではありません。初めからそうなのです。このおばあさんは、初めから「変額」すなわち「元本（原資金）が保証されていない個人年金」を買ったのです。そして、自分はそういうつもりではなかった、商品の説明を満足にされていないと主張しているわけです。

ところが、このようなトラブルは、各都道府県ごとにある国民生活上の苦情を受け付ける「国民生活センター」（巻末に一覧表をつけます）に寄せられた相談や、「助けてください」というお願いとして表れている。ですからこの読売新聞の記事では、鹿児島県の国民生活センターが「注意してください」と呼びかけているのです。

それでどうなったでしょうか。いや、それだけのことなのです。それ以上は、国民生活センターという県の公務員である立派な中年女性の相談員たちは、何もしてくれません。苦情やトラブルを受け付けて、電話口で相談にのるだけなのです。

このあとは、この70歳代のおばあちゃんが自分で、この変額個人年金保険商品を売った保険会社に行って、保険契約を解約《かいやく》（本当は、契約の解除《かいじょ》）してくれと強く要求するしかない。それでもダメなら、弁護士事務所に行って、弁護士に裁判の手続きをとってくださいとお願いして、30万円なりの費用（これを着手金《ちゃくしゅきん》と言います。この金額に決まりはありません）を自己負担して裁判を始めるしかありません。

実情としては、保険会社が簡単にこの解約を受け入れて、もともと契約がなかったことにして丸々500万円を返してくれるということはないでしょう。それが世の中です。甘くはないのです。では個人年金とは一体何でしょうか。

個人年金は「個人年金保険」という保険商品

個人年金とは、その名の通り、個人で掛ける私的年金のことです。日本政府が運営したり、厳しく監督する「公的年金」とは違います。たとえば、公的年金には、普通の民間企業のサラリーマンたちが入っている「厚生年金《こうせい》」があります。それから、公務員たちが入っている（なんと約1000万人もの公務員がいます。その家族も入れると2000万人でしょう。日本の人口は1億2700万人です）「共済年金《きょうさい》」というものがあります。大きくはこの二つに分かれます。

それ以外に、企業（会社）に勤めたことのないような人々が掛けている「国民年金」があります。また、世の中のいろいろな業種ごとに組合があり、それらが作っている年金制度があります。経営者や専門職（医者や弁護士）の人たちだけが独自で作っている業界ごとの年金もあります。

これらの公的年金の説明はこれ以上、あまり詳しくしませんが、「二階建て」や「三階建て」という言葉がありまして、前述したサラリーマン用の厚生年金に、上乗せしてもらえるようになっている「企業年金《きぎょう》」というものもあります。

この企業年金という公的年金は、最近はボロボロに崩れ果てています。ほとんどの企業がこの上乗せ部分の年金を、定年退職者に払えなくなっています。あるいは制度そのものもどんどん取りやめになっています。しっかりと企業年金（二階建て部分）をもらってい

図表3　どんどん変化しつつある年金制度

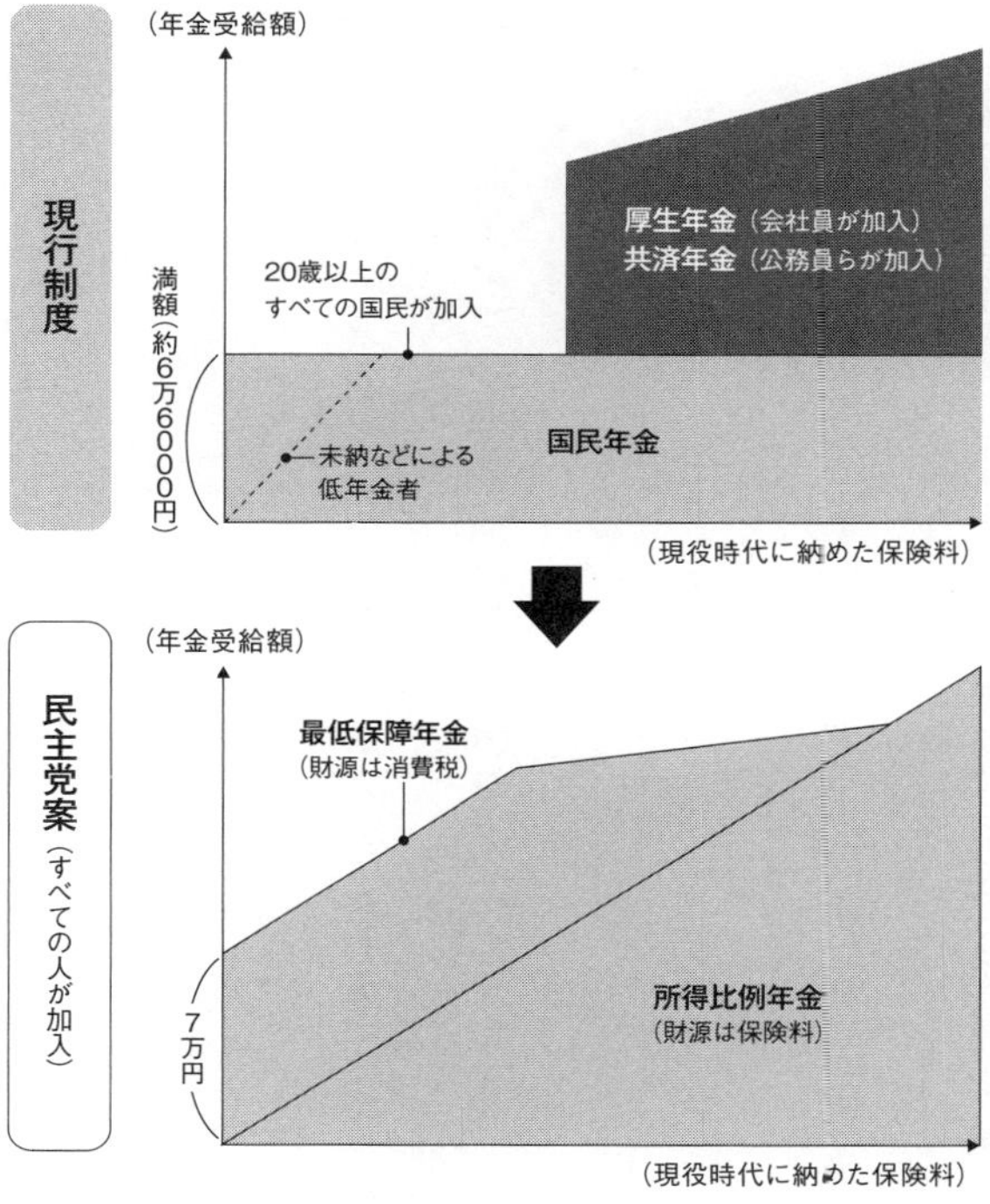

（出所：日本経済新聞　2010年3月9日）

副島隆彦註　政府はさらに国民年金、厚生・共済年金を一体化するようだ。月額7万円を誰もがもらえる「最低保障年金」と、所得に応じて年金をもらう「所得比例年金」を導入するという。つい最近まで「（誰でももらえる）基礎年金」とか「セーフティーネット」とか言っていたものだ。

るような大企業の70歳以上の定年退職した元社員たちは、恵まれた収入を今ももらっています。ところが、２０１０年1月のＪＡＬ《ジャル》（日本航空）の破綻《はたん》（倒産）劇が起きて、この恵まれた優良大企業だったＪＡＬでさえ、この企業年金部分が約半分に削られることになっています。

ここで典型的なサラリーマン（給与所得者）がもらう厚生年金（公的年金）の額をはっきり書きましょう。65歳で、大学卒で一つの会社に34年勤め続けた真面目なサラリーマンがもらえる厚生年金は、23万５０００円です。これに、奥様（配偶者）が入っていたはずの国民年金（５万円）の部分が加算されますから、合わせて28万５０００円をもらうことができます。

ですから、今のデフレ経済（景気も悪いが物価も安い）の世の中では、倹約すれば、十分に夫婦2人の生活費はまかなえるのです。ただし、家賃や住宅ローンの負担や子供の教育費などの苦労が、もうなくなっている場合です。

そして、かつての大企業や、工場で働く高卒の従業員たちを抱えていない大企業では、社員の数も少ないので、上乗せ部分の企業年金がこれまではしっかりとたくさん積まれていたのです。毎月、これらの大企業の従業員たちは、厚生年金の掛け金以外に月に3万円くらいの年金を掛けていた。それらは給料から天引きされる。企業は、それらの資金を世界中に投資し、景気のいい時代には、年率で8％もの優良な運用利益を上げていたのです。ですから、この企業年金部分（いわゆる二階建て）だけで、なんと毎月25万円くらいもある優良大企業がたくさんありました。

ということは、厚生年金部分と合わせると、毎月50万円くらいの年金をもらって暮らしている人々が現にいます。今の70歳代から80歳代の人々には、本当に恵まれている人たちがいるのです。このことも、テレビにはほとんど出てきません。この年配者たちが温泉旅行に行ったりして悠々と暮らしています。すでに親の介護の問題もなく、夫婦が健康であるなら、阪急交通社などで世界中を旅行して回っています。

ところが、この企業年金部分が、今ではほとんど運用利益が出ないどころか、実情としては、これらの投資（資金の運用）に回した資金が、利益どころか損失金を生み出している事例がたくさん出ています。だから企業年金はどんどん消えつつあるのです。

公的年金も、国家によるひどすぎる詐欺

実情としては、厚生年金を満額できちんともらえる人たちでさえ、どんどん減りつつあ

ります。勤続25年の人たちであれば、ひと月に18万円ぐらいしかもらえなくなっているはずです（65歳時点で）。そしてさらに、数年前に日本政府（厚生労働省）は「国民基礎年金」という考え方を導入して、2006年頃から国民年金とのベースを一緒にする「一元化」の制度に変えてしまったのです。それを別名で「セーフティーネット（安全網）」などと呼んでいます。「セーフティーネット」と言うとまるで日本国民に政府が責任をもって老後を保障するようなことばかり言います。しかし真実は、「払えないものは払えない」です。

公的年金の積立金の残高は、恐ろしい勢いで減っているようです。その真実の数字は、なかなか世の中に公表されず、国民には知らされません。どうやらアメリカで運用して相当の失敗が出ているようです。その正確な内容は私にもわかりません。が、しかしそのうちバレるでしょう。

国民年金は、70歳の老人夫婦2人で月14万円ぐらいをもらえるようにと、国（厚生労働省）としては考えているようです。これが「基礎年金」という考え方で、日本国民の最低限度の暮らしの保障であると、年金制度の担当の役人たちは考えているのでしょう。実は、夫婦で月14万円というのは、本当の貧困者たちのための生活保護費よりも安いのです。

もともと公的年金制度は、貧困者を助けるための制度ではありません。みんなで掛け金を集めて運用して、それで十分に老後の年金生活ができるようにというプランでできていた制度です。この考えの原形にあるのは、「トンツィーン債」という考えです。トンツィーン債（Tontine）というのは、壺の中にみんなでお金を入れて、そのお金全部はなくならないようにしながら、くじに当たった人が、一定金額を受け取って商売で使っていいという考え方から生まれたものです。

日本にも「無尽《むじん》（講《こう》）」というのがありました。みんなで資金（掛け金）を出し合って、必要とする人が使って、儲《もう》けが出たら利子とともに返済する仕組みです。この無尽はのちに相互銀行（さらに第二地銀《ちぎん》になった）になりました。

ところが、現在の公的年金制度は、もはや積立金そのものを食いつぶしているのが現状です。これが「世代間戦争」と呼ばれるものです。すなわち、若い30代、40代の人たちが積み立てているお金を、今の70歳から上の老人たちが年金として払ってもらって使っているのが実情です。

だからそろそろ、余裕のある年金受給者たちに、自ら進んで年金を放棄させるという動きさえ出ています。これが現在の日本の公的年金の恐ろしい実情です。

個人年金の「変額型」はさらに悲惨なことに

次の記事は、読売ウイークリー誌の２００７年10月21日号に載ったものです。大手生保の個人年金に加入した50歳代の男性が、損をした事例です。年金保険に付いているはずの積立配当金《はいとうきん》を期待したのに、配当金をもらえるどころか、元本割《がんぽんわ》れ（投資の損失）まで起きたのです。

ケース2

「個人年金ももらえない　信用できないのは社保庁だけじゃない」

B男さん（50歳）は1992年に大手生保の個人年金保険（15年確定）に加入した。契約時にもらった設計書には、「65歳の支給開始時の年金額約104万円（月約8万円）、15年目には約153万円（月約11万円）」とあった。「15年間のお受取総額」は約1891万円」と記されていた。

ところが4年後に、生保から送られてきた「お知らせ」には、「積立配当金残高100万円」と書かれていた。年金額の原資の一部に積立配当金が含まれることは知っていた。「ここまで少ない配当で、設計書どおりの年金がもらえるのか?」と疑問に思ったB男さんは、生保に問い合わせた。回答は「このままだと年額104万円はお支払いできません。70万円ほどになります」ということだった。

さらに10年が経過した。昨年（2006年）、生保から送られてきた「お知らせ」を見ると、積立配当金残高は110万円。なんと10年で10万円しか増えていなかった。また生保に問い合わせたところ、「予想される年金額は54万100円」と、さ・ら・に・少なくなっていた。しかも、「15年間、その額が増えることはない」という。15年間の総額では、設計書の金額の半分以下になる。

B男さんは、「生保が毎年送ってくるお知らせには、配当金がいくらかは書いてある。でも、それで年金額がどれだけ少なくなるのかには、まったく触れていない。これでは、気づかないまま老後を迎えて、生活設計が狂ってしまう人がたくさん出てしまうはずだ」と憤《いきどお》る。（傍点、引用者）

（読売ウイークリー　2007年10月21号）

これが変額個人年金保険の実態です。全国で同じような目に遭っている人が何十万人もいるということです。それなのに、公表された記事として載っているのはわずかにこのような週刊誌の記事であり、それも雑誌の隅っこにぽつりと書かれているだけです。あきれかえってしまいます。

この50歳の男性は、65歳になったら、1年間に104万円もらえると思っていた。ところが、「14年後には、54万円しか支払えない」と言われてしまいます。しかも、「15年間その額は増えない」と断言されました。初めの約定の15年間の総額では、最初の「設計書」で約束していた「お受取総額は約1891万円です」という約束は完全に破られて、半分以下の1000万円弱になってしまっています。

しかも、65歳になったときに本当に実際にもらえるお金は、さらに少なくなっているであろう。そのことはこの記事の最後のほうに、「それで年金額が（さらに）どれだけ少なくなるのかにはまったく触れていない」とはっきりと書かれている。おそらく、さらに1割や2割は減ってしまうであろう。

だから「気づかないまま老後を迎えて、生活設計が狂ってしまう」どころではない。良くて、90年代の初め（まだバブル景気の余韻《よいん》が残っていた豊かな時代）に、設計されて組み立てられた金融商品が、あれから20年後の今となっては、受け取り金額がボロボロになりつくして、ようやく半分、もしかしたら3分の1くらいに減ってしまっている。そして、この実情は実は、現在のすべての金融商品に言えることであり、おそらく法則性として一般化できる真実でしょう。

個人年金が注目される理由

公的年金に対して個人年金というのは、公的年金を老後にもらえるか不安なので、個人がそれぞれの判断で私的に民間生命保険会社に積み立てているお金です。

たとえば、将来、65歳から10年間、月に10万円の年金をもらおうと思えば、いっさいの運用利益がないとしても、１２００万円に相当するお金を、20年間で月に4万円くらい払い続ける必要があります。このことと同じことです。当然、複利《ふくり》計算での利息分くらいの利益の計算は成り立ちます。

そこで、民間の金融機関（保険会社）がこれを運用します。そのために、保険料の運用リスクが公的年金より高い投資商品を求めて、世界中に流れ出しているわけです。公的年金は、安全第一を考えて、日本国債《こくさい》（10年もので年率1・3％くらい）などにしか投資しません。最悪なのは、どうやらその外国の投資先で、私たち日本人の資金がかなりの運用の大失敗をしているようだということです。それが、ニューヨーク発金融危機を生んだデリバティブ（金融派生商品 derivatives）と呼ばれる様々な投資商品です。

デリバティブについての詳しい説明はこの本ではしませんが、簡単に言えば、金融時限《じげん》爆弾のようなものです。たとえば、フレディマックや、ファニーメイというアメリカ政府の監督している二つの巨大な住宅金融公庫である大銀行があるのですが、ここが合計で500兆円（5・5兆ドル）の運用をしているのだけれども、ほとんど実態がなくなりつつあるようです。すなわちここに日本から投資されたお金も消えてなくなります。フレディマック債（券）やファニーメイ債（券）などの債券《ボンド》を日本はたくさん買っている形になっているのです。

アメリカは「金融のブラックホール」になって、世界中の資金を吸い込みました。今もどんどん飲み込んでいます。そして世界中から集めた資金をまったく返そうとしないという恐ろしい事態へと、今の地球は刻一刻と向かっているのです。それがたどりつく結論の一つは、米ドルの値段が大暴落して、10分の1になるということがあり得ることです。株式も暴落し、国債（国の借金証書）もこれから暴落するでしょう。

なぜ私たちが個人年金に入るかと言えば、公的年金を満足にもらえないという不安があるために、老後の財産作りを自分でやろうと思って入るのです。ところがここに罠《わな》があって、保険会社のほうは、「変額個人年金保険」という商品を売りつけて、元本保証などは初めから謳《うた》っていませんと居直って、その投資リスク（投資の危険）を、いつの間にか契約者に負わせます。

個人年金には、「定額型」と「変額型」の2種類があり、定額型は、初めから年金額が決まっています。それに対して、変額型は、保険会社が集めた資金の運用の実績によって年金額が増減するのです。だから「変額型」はリスクが高く、「定額型」はずっと安定してきました。が、どちらも実は危ないのです。

確かにこの背後には、年金保険を売って資金を運用していた日本の大手保険会社の運用失敗問題が横たわっています。簡単に言えば、ニューヨークの金融市場に投資して、ほとんど失敗してしまっているのです。実に簡単な真実なのです。

資金運用のウルトラプロを自称する者たちがこのように運用に失敗しています。金融のプロでも何でもない人たちが、この実情に対して、何を言えばいいのか。言葉もない。私たちはただポカンと口を開けて、この実情の前で立ち尽くしているだけです。証券や生保や銀行に対して、抗議の声を上げる人々はどこにもいません。みなうずくまるようにして、自分の抱えている投資の損失額を抱きしめて生きています。それが今の日本の姿です。

ケース3

「景気後退で運用環境悪化　変額年金トラブル再び」

リスクの高い変額個人年金とは

〈ケース1〉で紹介した70歳代の女性のように、「**変額《へんがく》個人年金保険**」に加入している人は多い。２００９年2月15日の産経新聞の記事によると、変額年金保険の販売が銀行窓口で始まった平成14年（２００２年）10月から、契約数は増え続け、平成20年（２００８年）９月末には、全国で２９５万人を超えたという。

同じ日付の産経新聞の記事から、もっと悲惨な例を紹介しよう。

「減るなんて思ってもみなかった。少しでも資産を増やして子供や孫に残したくて契約したのに……」

大阪市内で独り暮らしをしている無職の女性（70）は後悔と不安で眠れない日が続いているという。

昨年10月、銀行窓口で行員に勧《すす》められ、老後資金の2500万円全額を変額年金保険にした。10年満期だったが、「3年経過以降は資金を引き出せる」とパンフレットにあり、3年後に引き出すつもりだった。

しかし今年1月、親族と一緒に契約書を確認して驚いた。10年据え置けば元本は保証されるが、3年後に引き出せば途中解約になるため元本の保証がない。契約時に契約初期費用として125万円が引かれた上、1月末時点で資金が200万円近く減っていると知り、愕然《がくぜん》とした。

女性は行員の言うままに契約書や関係書類に記入したといい、「高齢で資産があるからだまされた」との思いが消えない。「3年後の元本保証がないなら契約しなかった」として銀行側に全額返還を訴えた。が、「説明を尽《つ》くし、契約は問題なく成立した」と拒否されたという。
生命保険協会によると、統計を取り始めた平成19年10月以降、苦情の約7割が変額年金保険関連である。20年上半期は76件で、19年下半期の2倍以上に増えた。「景気後退で運用が想定を下回る傾向があり、今後も苦情は増える可能性がある」という。（傍点、引用者）

（産経新聞　2009年2月15日）

このような事例が全国で起きています。この70歳女性は、全額返金を訴えてこの保険商品の解約を申し出ている。しかし保険会社側は、リスクの説明等はすべてきちんと行ったとして、解約に応じないのです。

損しそうな契約は、「解約」すべきか、「解除」すべきか

ここで契約の「解除《かいじょ》」（民法５７１条）と「解約《かいやく》」は違うことを説明しよう。解約というのは、「契約そのものを将来に向かってないものにする」という両者の合意のことであ

り、それ自体が新しい契約です。将来に向けて契約を消滅させるものです。ですから、これまでの契約はすべて有効である。だから運用で損した分は、元本割れして戻ってこない。ここの「契約して3年経《た》たなければ資金を引き出せない」ということは、「3年間は解約できない」ということだ。

それに対して、契約の解除というのは、「解除原因」というのが必要となる。一定の解除原因があると、契約が無効《むこう》となり、もともと初めからその契約自体がなかったことになるのである。そうなれば、初めの投資総額である2500万円がそっくり戻ってくる。「契約が解除」されると、「現状回復義務《げんじょうかいふくぎむ》」が生じて、すべてもともとの状態に戻す必要がある、となるからです。だから、契約の初めに、銀行に渡したお金（投資金額）が、丸々そのまま全額返還されなければならない。

被害を訴えているこの女性と家族は、契約そのものにもともとからキズがあり、これを法律学では瑕疵《かし》というのですが、この契約にキズがあったので保険契約そのものがそもそも成立していなかった、と主張したい。これが「契約の解除」で、すなわち契約の無効取り消しを要求することになるのです。これが契約の解除の申し立てだ。

この事例では、おそらく相手方の保険会社は、素直にうんと言うわけがない。だから、

「3年も待てない。信頼関係は壊れている」ということであれば、やっぱり裁判所での争いということになります。この女性は、親族とともに相談した上で、弁護士をたてて、裁判に訴えたはずです。……だが、しかし、この女性の言い分が裁判所でそのまま通るか。それほど世の中は甘くありません。70歳の老女が、銀行や保険会社の外交員に上手に騙された、かわいそうに、と世の中の人々が老女の肩を持ちたくなる気持ちはわかる。

しかし、この老女は本当にかわいそうなだけの被害者だろうか。ここで世の人々の目は、少し厳しくなる。この世の中の甘くなさ、厳しさの話はなぜか新聞記事にはまったく書かれない。この新聞記事に「生命保険協会によると」とある通り、苦情がたくさん寄せられているようである。そしてこのことが業界で報告され、堂々と、わざとらしく新聞でこのように公表されている。そしてそれだけのことです。「みなさん。金融商品を買う（投資をする）場合には十分に気をつけましょう」という話でオシマイである。だからここでは、世の中にたくさんある欠陥商品の訴えのような社会事件にはならない。

当然、いわゆる製造物責任法《せいぞうぶつせきにんほう》の対象には、金融商品はならない。笑い話のような話ですが、これが実情です。もしかしたら将来、金融商品もまた、製造物責任法や瑕疵《かし》担保《たんぽ》責任《せきにん》や危険《きけん》負担《ふたん》の問題になっていくだろう。しかし、ここには難しい法律理論がありまして、とてもではないですが、シロウトのみなさんに理解してもらえるものではありません。

それでも「買った商品に隠れたる瑕疵（キズ）がありたる場合は、売り主に責任が生じて契約は解除される」という考え方が、まっとうなように思われる。ところが金融商品（儲け話）の場合はそうはならない。たとえば、重大な隠れたるキズ、すなわち、欠陥住宅のような場合でさえも、契約の解除はそう簡単には裁判所では認められない。なぜならば、たとえ欠陥住宅であっても、その家を造るのに、すでにかけてしまっている材料や労賃などの多額の出費をもともとなかったことにするというわけにはいかない、という理屈が「公平の原則」に従って配慮されるからだ。

その背景には、当然、甘受《かんじゅ》すべき危険（リスク）というものが世の中にはあって、そのような契約を取り結んだ両当事者のどちら側にも責任があるという考え方を、裁判官たちはどうしてもするからです。ケンカ両成敗《りょうせいばい》という言葉に近いでしょう。あるいは、「そのような信頼のおけない相手と付き合ってしまったあなた自身にも責任がある」という考え方になるのです。

ですから、社会的弱者のように見られる70歳の老女が、保険会社に騙されて、ひどい目に遭ったという外観《がいかん》や外見《がいけん》があるからといって、「かわいそうに」と言うのは周りの人々だけであって、それでどうなるのか。「かわいそうに……」と言うだけのことなのです。それ以上、社会や役所が何かをしてくれるということはないし、そういうお人好し（善人）は世の中にはいません。すべては他人事《ひとごと》だ、となるのです。

ですから、この本の目標である「**①注意しましょう　②疑いましょう　③警戒しましょう**」という三つの標語に戻るのです。

政府やマスコミのお金の話を鵜呑みにするな

3年前の2007年8月の〝サブプライムローン崩れ〟が起きて、世界規模での金融恐慌（金融危機）が始まりました。翌年、2008年9月15日の、あの〝リーマン・ショック〟が続いて起きて、ニューヨーク発の世界恐慌の様相がはっきりしてきました。あれで終わり、ではありません。引き続き金融危機はこれからも起きるのです。金融危機と言うよりももっとひどい、おそらく、これからいよいよ本格的な世界規模での金融恐慌が、私たちに襲いかかります。

日本国内で有名な大銀行や証券会社や生保が売り出している金融商品の多くは、今でもリスク（危険）を背負っています。すでに大損した人々は、手痛い思いを散々したはずです。ですから、少しは警戒心や注意力が身についたでしょう。しかしまだこれまで痛い目に遭ったことのない人は、のんびりとかまえて「自分はそんな愚か者ではない」と高《たか》をくくっています。

私は、『守り抜け個人資産』（祥伝社・2007年刊）という本も書いています。この本では、ある程度のまとまった資金や資産を持っているお金持ちのために、どのように個人資産を「逃がす、隠す」かを一生懸命に書きました。本当の書名は、『逃せ！隠せ！　個人資産』だったのです。が、少し穏やかにして、『守り抜け個人資産』にしたのです。今の日本では、自分の資金、資産を守り抜くことはなかなか大変なことです。今の自分の手持ちの資金を運用して、それをさらに大きく増やすなどと考えている人々は甘い。世界は、今から本格的に金融恐慌（金融危機）の時代に入っていくのです。ですから、自分の資産をなるべく現物の物資的な裏打ちのある資産に変えて、守り抜いてください。「ペーパーマネー（紙の資産）から実物資産《じつぶつしさん》（タンジブル・アセット）に移せ！」が合い言葉です。

政府や役所が言うことを、頭から信じ込んではいけません。テレビや新聞が言うことも丸々、信じてはいけません。「あ、待てよ」とまず疑ってみることが大事です。ことさら強く拒否反応を示す必要はないのですが、「あ、待てよ、もしかしたら、そういう意見以外の考えがあるのではないか」と考えてみるクセを身につけましょう。お金の動かし方については、必要以上に慎重になるべきです。何かに投資する（金融商品を買う）場合には、自分が信頼している人の意見を、必ず複数の人から聞くべきです。人生の知恵は、賢い人の意見に耳を傾ける、ということです。賢い人は知恵がありますから注意深いのです。

第二章 金融業界は鬼の巣窟

"投資信託はトレンディ"と庶民は騙された

次の事例は、いわゆる「投資信託《とうししんたく》」と呼ばれる商品についてのものです。「投資信託」という言葉は近年、かなり世の中で広く使われるようになりました。しかし、この投資信託というものについて、わかりやすく説明しているものを私は見たことがありません。初めから新聞の広告に載っているものばかりです。

投資信託というのは、「投資（インベストメント）する信託（トラスト）」という意味でしょう。「投資する」という意味は、みんなわかります。ある一定の金額を、もっと大きく増やそうと思って、とあるチャンス（機会）に対して投入（投下）してみて、増えないことも多々あるのだが、儲ける（増える）ことを予想して、自分のお金をそこに動かしてみることです。簡単に言えばバクチです。余裕資金のある人でないとやりません。自分が毎月生活するだけの収入を得ることに必死で、それ以上の金銭的な余裕のない人々は投資などしません。時間もないし、知識もないし、お金を使ってみてそれがさらに増えるなどということに興味をもつような人生観の人は、本当は全体から見れば少数です。ですから、資金に余裕のない人は、損もしません。損のしようもありません。この人々はある意味で

図表4　老後の生活の不安から
資産運用を考える人は多いが……

副島隆彦註　本当は、日本でかき集めた資金をアメリカに貢いでいる。

は仕合せ（幸福）です。

余裕資金のある人は世の中の風潮に騙されます。「投資信託（ファンド）に預けないような人は世の中から遅れている」と思わせるような雰囲気を周りが作ってしまいました。これほど金融で大損した人々がたくさんいるというのに、まだ騙されようとしているのです。

投資信託とは何かと言えば、英語では「ファンド」ということになりますが、「信託」というのは、「信じて託《たく》す」という意味です。この「信じて託す」をトラストと言うのです。ただ単に相手を信じるだけだったら、I believe you.《アイ ビリーヴ ユー》で、これは、「私は、あなたという人間の言うことを信頼する」という意味です。believe《ビリーヴ》は相手（のコトバ、言ったこと）を信じるだけです。それに対して、I trust you.《アイ トラスト ユー》となると、「相手の人間性を信頼して、物やお金（財物）を実際に預ける」という意味になります。

昔から日本にも「信託銀行」というのがありました。お金持ち（資産家）たちが親から譲り受けた財産を何億円もまとめて銀行に預ける。そのうちの一部を土地、別の一部を金銭商品（株や預金や債券）などに変えてもらい、一定の利益を手堅く銀行に出してもらうことで、生活費の面倒までまとめて見てもらう、という「信託契約」制度から生まれた銀行です。

でも実際には、今では普通の銀行とほとんど差異がなくなってしまいました。それでも信託銀行は、今でも、お金持ちたちから「信頼されて託される」という性質があって、たとえば、5億円の遺産とかを預かって運用しているわけです。すでに戦前からの長い歴史を持つ信託銀行は、資金の動かし方や投資対象の選別なども、厳しく管理され、危ないことはしないでうまくやってきました。かつ、戦後の成長経済期（1980年代まで）には、日本の経済は順調に成長していましたし、金融の世界が今のように動乱していませんでした。現在のように金融業界自身が率先して自分自身の欲望に満ちた穢《きたな》らしい行動をとっていませんでした。今は客に損をさせてもかまわない、という感じ（風潮）になっています。恐ろしいことです。

1980年代までは、幸せな穏やかな時代だったと言えます。

ところが、やがて「信託制度」というものを切り売りして、一般大衆にまで売るという考え方が起こりました。それでファンド（投資信託）と呼ばれる「債券（ボンド）」という紙切れになりました。株式を買うのとあまり変わりがなくなっています。株式が100株とか1000株とかの単位であるのに対して、投資信託（債券）は、300口とか1万口という口数《くちすう》にして、小さく切り分けて売る商品がほとんどになりました。
投資信託と言われるものは、本当は堅実な生き方をしている人々が買ってはいけない金融商品です。それがまるで時代の流れに沿って、トレンディだと思わせる雰囲気を金融業界が作ってしまって、私たちを洗脳したのです。そしてあげくの果てに、大損させる結果がたくさん出ることになったのです。次の産経新聞の事例で見てみましょう。

ケース4

「投資信託のトラブル増加『ノックイン型』に注意」

神戸市のサロン経営者の女性（47）は18年8月、大手信託銀行の営業担当者から「リスクが少ない」と勧誘を受け、貯金を取り崩してノックイン型を購入。今年1月に営業担当者から「株価が下がって元本が戻る見込みがなくなったので、違う商品に乗り換えませんか」と電話があった。実際に数百万円以上目減りしていた。しかし、女性は「景気が回復して元本が戻る可能性を待ちたい」と返答した。しかし担当者は「それでは解約になります。そのように書面に記載されています」などと主張したという。

実際は（投資信託の評価額の）下落時の解約規定の記載はなく、女性は「契約当初のリスク説明不足もあったが、（さらには）うそを言って解約させようとする今回の勧誘はひどすぎる」と憤る。銀行側に文書などで不当な勧誘への謝罪を訴えたが銀行側は否定。銀行不信は募るばかりだという。（傍点、引用者）

（産経新聞　2009年4月20日）

このようなケースもあとを絶たない。投資信託（ファンド）の中でも、大手の証券会社や信託銀行が組み立てて（これを「目論《もくろ》む」という）販売している、主に株式で運用する大型の投資信託商品が今ではたくさんある。

投資信託がよく売れる理由は、大きな証券会社を信用して、お金（自己資金）をまとめて運用を任せるのが安心だから、というものです。本当に安心でしょうか。普通の人々は、特定の個別の株式の銘柄《めいがら》などよくわからない。かつ、いちいち証券会社に行って株の売り買いなどをしたくない。だから「専門家にまとめてお任せしたほうがいい」という考えで

図表5　国内の主な「追加型株式投信」の運用成績

ファンド名	運用会社	基準価格(円)	騰落率(%) 6カ月	1年	3年	純資産残高(億円)
グローバルREITオープン	野村	4,223	△7.0	△64.1	▲49.7	1,794
マイストーリー分配型(年6回)B	野村	6,725	△0.1	△23.4	▲24.5	7,118
野村世界不動産投信	野村	4,694	△5.7	△61.0	▲49.5	2,249
野村世界6資産分散投信(分配)	野村	7,665	▲2.5	△11.2	▲19.7	3,308
野村新世界高金利通貨投信	野村	8,161	▲1.0	△19.9	—	1,588
新米ハイ・イールド債レアル毎月	野村	10,326	△8.9	—	—	3,402
北米REIT投信レアル毎月	野村	9,867	—	—	—	2,293
GW7つの卵	日興	7,390	▲0.9	△23.9	▲31.2	2,331
「月桂樹」	日興	8,131	△0.9	△14.1	▲10.2	2,931
世界のサイフ	日興	5,958	▲3.7	△12.4	▲22.8	2,159
財産3分法ファンド毎月分配型	日興	6,768	▲5.1	△14.2	▲31.8	7,479
日興五大陸債券ファンド(毎月)	日興	7,562	▲4.1	△2.3	▲13.4	3,004
ラサール・グローバルREIT	日興	4,627	△4.8	△57.3	▲59.7	2,632
外国債券オープン(毎月分配)	三菱UFJ	8,762	▲5.6	▲0.7	▲14.0	4,479
グローバル・ボンド・OP(毎月)	三菱UFJ	8,136	△2.1	△16.7	▲9.4	2,202
ピムコハイ・インカム(ヘッジ無)	三菱UFJ	7,195	△2.4	△21.7	▲14.0	3,679

(出所：日本経済新聞　2010年3月7日)

副島隆彦註　こんな大手の証券会社や信託銀行が販売している主力の投資信託でも、成績は年率マイナス40%とかのヒドイものである。ただし、この１年間でかなり戻している。ようやく基準価格(現在の値段)が買い値よりも上がって、最近１年間ではプラス年率10%の成績に大半は戻りつつある。再び株価の暴落があると、成績は低迷する。日本でいちばん有名で最大手のファンドたちでもこのようなていたらくなのです。

投資信託を買うのです。そして現在では、ほとんどの人々が大損している。一体全体、日本の金融業界というのは、国民のために何をやっている人々なのだろうか。58ページに直近の、主要な証券会社が販売している株式投資信託の運用成績表（基準価格）を載せたので参照してください。「▲30」とは「30％減」という意味です。

投資商品の「本当の価値」は実際売るまでわからないもの

つい最近、実質倒産（再建中）したＪＡＬ《ジャル》（日本航空）の例のように、あんな立派な国営企業のような大会社でさえ倒産するのです。株価はついには紙キレ同然となり1株の株価が2円になってしまいました。昔は優良株と呼ばれ、２０００円もしたのです。

投資信託（ファンド）を買っていい思いをした人は、本当は少ない。なぜなら、投資信託の運用利益から、まず運用担当者たちの給料や証券会社の利益が当然のように天引《てんび》きされているからです。だから運用利益などいくらも残らないようにできている。

それなのに、過去の運用実績表が、いわゆる〝右肩上がりの折れ線グラフ〟であるものを私たちはいつも見せられ、頭から信じ込み、たいした疑いも抱かず買ってしまう。一体、いつの時点でのグラフなのか考えようともしない。「基準となる価格」は、実は証券会社

図表6　㈱日本航空　株価の推移

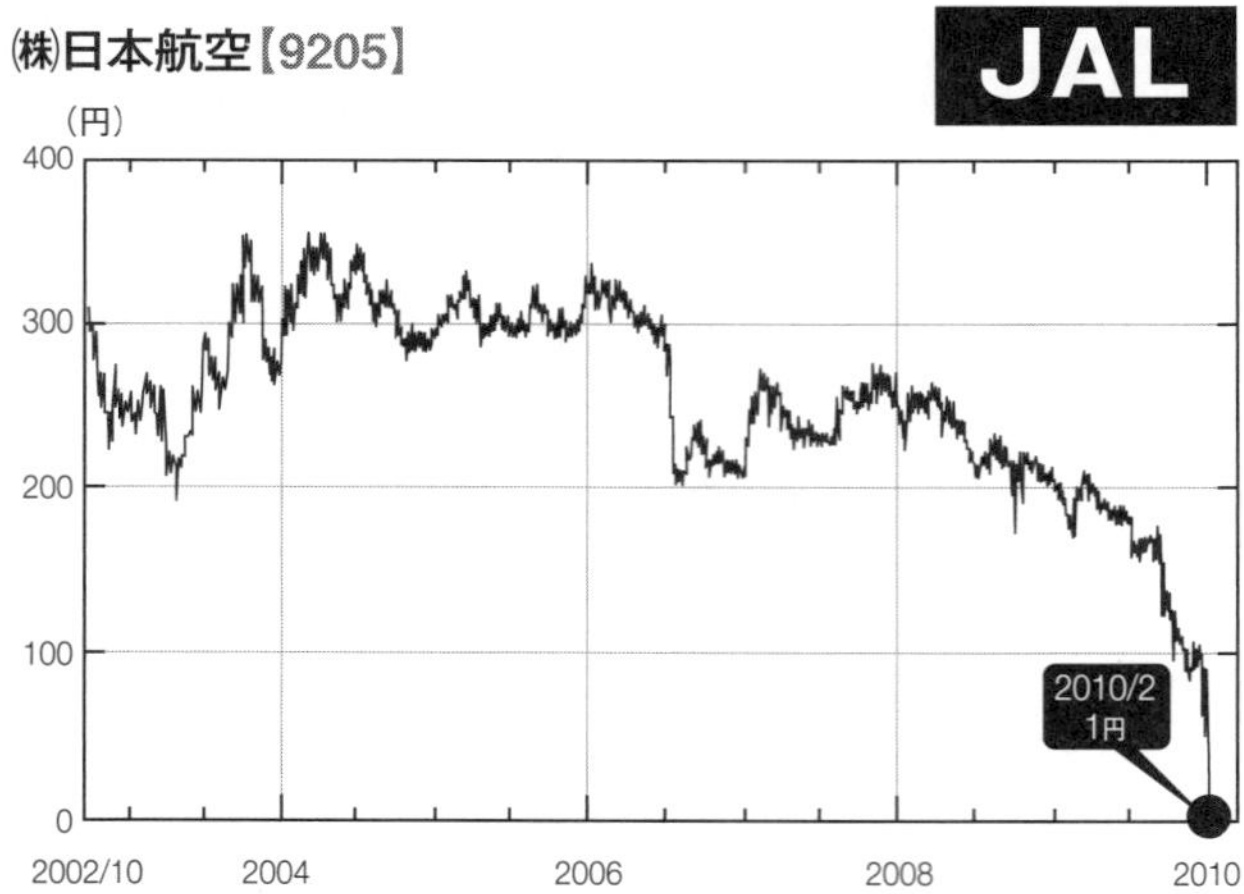
㈱日本航空【9205】
JAL
(円)
400
300
200
100
0
2002/10
2004
2006
2008
2010
2010/2
1円

参考指標

時価総額	**2,732百万円**(02/19)	EPS(実績)	**(連) -25.47**(2009/03)
発行済株式数	**2,732,383,250株**(02/19)	BPS(実績)	**(連) -5.85**(2009/09)
配当利回り(実績)	**0.00%**(02/19)	最低購入代金	**1,000**(02/19)
1株配当(実績)	**0.00**(2009/03)	単元株数	**1,000株**
PER(実績)	**(連) ---倍**(02/19)	年初来高値	**215**(09/01/05)
PBR(実績)	**(連) ---倍**(02/19)	年初来安値	**1**(10/01/22)

(出所:ヤフーファイナンス)

副島隆彦註　2010年2月19日、JALの株価の東京証券取引所での終値は最低価格の1円となった。20日付で上場廃止となった。まさしく紙キレである。

によって自由に決められている。

一方、証券業界に対しては厳しい規制がかけられている。監督庁（〝お金の警察官〟である金融庁）は、国民のお金の動きを自分たちが握りたいだけなのです。お金の監督庁は、私たち国民の守り手ではありません。彼らは銀行や証券会社を上から統制《とうせい》（コントロール）して、日本の資産家（金持ち層）や企業経営者のお金の動きをすべて監視したいのです。安全な、安心できる資金の運用先を求めて人々はさまよう。大手の金融機関なら安心だろうという最後の望みを抱いてそこに向かう。堂々と新聞宣伝されているお金の商品は、「公共の福祉（パブリック・ウェルフェア＝「みんなの幸せ」という意味）」にかなうようにできあがっていると、みんなに信じ込ませている。

だから、自分が買った（投資した）投資信託の本当の値段は、解約すると決断し、解約を申し込み、承諾されてそして知らせがきて、証券会社から言い渡される金額のことである。それだけが本当の投資の結果である。

たとえば、女性であれば宝石やバッグが好きでしょう。100万円で買った、まあまあの品質の小粒（0・4カラットくらい）のダイヤモンドがあるとします。これの本当の値段は、業者の世界では、卸《おろし》の値段で20万円くらいのものだろう。これが小売り（店頭）では100万円になる。これに日本国内でも業者の団体があれこれ基準を決めて、色、形、大きさという3C（スリーシー）という基準で価値が決まる。ダイヤモンドは今では世界中あちこちで掘り出される。昔は、南アフリカとコンゴくらいのものだった。

今では、オーストラリアやロシアでもたくさん出る。おそらく、最近はついに中国がチベット高原あたりでたくさん掘り出しているだろう。だから、かつてのようなデビアス＝オッペンハイマー家が支配してきた世界的なダイヤモンドのカルテル価格の統制がきかなくなっている。そのため、ダイヤモンドの値段は、この30年間は、ほとんど上がらなくなっている。日本の女性たちはあまり知らないが、世界基準で、ダイヤモンドに本当の値段がつくのは、質や色のことも当然あるが、5カラットくらい以上のダイヤモンドだけです。2000万円以上するものだ。それ以下のダイヤモンドは本当は、くずダイヤであって、世界基準での値段はつかない。これは私の言い過ぎ（書き過ぎ）であろうが、やはり誰かが言っておくべきことだ。

だから小さなダイヤモンドについては宝飾品として日本国内での価格が生まれて、それでみんなで評価し合っている。あとは、本当に個人の好き嫌いと、そのダイヤを身につけることで感じる個人の幸福感だけだ。100万円で買ったダイヤモンドの今の本当の価格はいくらか。それを言いましょう。それは、実際に売れたときの値段（処分時の価格）です。

おそらく、東京の御徒町《おかちまち》の業者（日本の〝ダイヤモンド・ロード（通り）〟と言われる）は、たとえ、そのダイヤモンドを１００万円で自分に売った店でさえ、おそらく20万円でしか買い取らない。30万円で買い取ってくれれば上出来だ。もし、それをリサイクルショップ（元々は質屋）に持って行って売ろうとすれば、10万円でしょう。すなわち、買ったときの10分の1の値段です。しかし、もっと本当のことを言うと、5万円でしか買い取ってくれません。これを「20分の1ルール」と言います。

これがブランド品のバッグの場合、どうなるか。今では女子高校生でも持っている10万円のルイ・ヴィトンのバッグで、ほんの2、3回、ちょっと使っただけの新品同様で箱付きがあるとする。これを、いくらで買い取ってもらえるか。もっと高額のブランド・バッグの１００万円のエルメスのケリー・バッグや、２００万円のバーキンや、クロコダイルなどは、中古品だと一体いくらで買い取られるか。

まず、そのバッグを自分のお友達に買ってもらう場合のことを考えてみましょう。「2、3回使っただけの新品と同じバッグなんだけど、買ってくれない？ お願い。今お金がどうしても必要なの」と、自分の友人に頼んだとする。このとき、いろいろな答えが、友人ごとに返ってくるだろう。いちばん人の良い善良でおバカな友人は、「7万円なら買ってあげる」と言うだろう。次に「3万円ならいい」という友人もいる。しかし現実は厳しい。きっと「1万円ならいい」と言う人がほとんどだろう。しかし本当の本当は、「5000円なら買うわ」という鬼のような、友人とは言えないような友人もいるだろう。まさしく、これが「20分の1ルール」である。10万円の20分の1は5000円である。世の中はここまで厳しいのである。これが大不況（世界恐慌）突入前の今の世の中だ。

そしてまだもっと先がある。現実はもっと厳しくて、「そんなのいらなーい」と答えるのである。そういう人がたくさんいる。そういう若い人が増えている。人の使ったものなど買いたくはないのである。どんなに仲のいい友人のためであっても、もう一切の妥協はないのである。

そもそも投資信託とは何か

先ほどの〈ケース4〉の事例について検討しましょう。被害者の女性サロン経営者（この「サロン」というのは、おそらくバーや飲食店のことだろう）が、大手の信託銀行から購入した「ノックイン型投資信託」とは何か。

　投資信託は、債券である。債券（bond ボンド）とは証券のことなのです。証券（bill ビル、note ノート）とは「お札《さつ》のようなもの」のことです。有価証券《ゆうかしょうけん》という言葉でいい表されると、少しはわかりますか。かえってわからなくなりますか？　有価証券（セキュリティーズ securities）のいちばん完成された形が、お札（紙幣）です。完全有価証券とも言われます。有価証券とは、「ある権利（財産権）が紙切れ（紙面）の上に書かれて化《か》体《たい》したもの」と法律学で定義されます。一定の財産権が紙の形として（立派そうに印刷されて）紙片に化身《けしん》したもののことです。

　それのいちばん立派なものが紙幣（お札）です。その次が国債《こくさい》（国庫《こっこ》債権《さいけん》）です。そして、その次が東京電力などの有名大企業や一流大銀行が発行する社債《しゃさい》（会社が売り出す借金証書）、そして株式（株券）と続きます。これらは、社会的に大変、信用（クレジット）があるもの、とされます。信用とは、皆が欲しがるもの、価値のあるもの（高価なもの）という意味です。それでこの高価な紙切れを持っている人が、その財産権を主張できる仕組みになっているのです。その有価証券を現に所持（占有）している人が、その財産権の持ち主です。その代表がお札であり、国債証書であり、その他の世の中にたくさんある証券類です。

もっと身近なものとしては、デパートの商品券や、ビール1ダースの引換券です。これらの有価証券類の代表が株式《ストック》と債券《ボンド》です。ですから、これらの有価証券を取り扱い、売り買いする金融法人（お金の会社）のことを証券会社（securities company セキュリティーズ・カンパニー）と言います。証券会社は、どうやら〝投資（専門）銀行〟（インベストメント・バンク）と呼び変えてもいいのです。アメリカ合衆国では、実際に証券会社＝投資銀行です。しかし日本では少し語弊《ごへい》があります。

債券《ボンド》（社債）というのは、「ある大企業が発行して広く世の中から資金を集めるための手段」です。たとえば、「我が社は有望な鉱脈を掘り当てた」あるいは、「すぐれた商品開発に成功したので、これらを大量に製造販売すれば、これから大きな利益が上がります。だから大きな設備投資（工場や機械一式や鉄道線路）を新たに作るための資金を集めます」と宣伝（公言《こうげん》）して投資家を大々的に募集します。そして一口《ひとくち》5万円などに小さくバラバラにされた債券が、証券会社を通して売り買いされるのです。

だから、債券は、普通は社債とも言われます。代表的なものは、東京電力や東京ガス、新日本製鐵《しんにほんせいてつ》のような公共的な色彩のある巨大企業が発行しているものです。社債は、名前のある大きな企業でなければ発行できません。証券会社がその販売を引き受けます。引き受け幹事会社（プライマリー・ディーラー）となって、その新規発行の社債を引き受けて（アンダー・テイクする）、一般に売り出すわけです。イギリスではアンダー・テイカー（引き受け会社）と言います。もし、その新規発行の社債や株式の人気や評判があまりよくなくて売れ残ったりしたら、引き受けた証券会社の損になってしまいます。こういう仕組みになっているのです。

買ってはいけない「ノックイン型」

さて、事例の「ノックイン型の投資信託」＝「ノックイン債（券）」とは、普通の説明では、次のように難しくなります。

「ノックイン」とは、日経平均株価の終値が、基準価格を一度でも下回ることを意味する。だから、ノックイン型債券とは、「株価が一定基準よりも下回らないことを条件にして販売されている債券（投資信託）」のこと。元本保証されない投資信託のこと。

ただし、一定条件を満たせば元本が保証されている。このため、危険が低い商品として銀行マンや証券マンが販売している。ところが実際には、株価下落リスクを一般投資家に負担させる場合が強いと批判されている。ゆえに、ノックイン債は、一般投資家にはリスクが高い商品である。

（産経新聞　２００９年４月20日）

この説明では、何のことだかよくわかりません。もっとわかりやすく言うと、「ノックイン債」というのは、「ノックアウトにされてしまう債券」のことです。買った人がやがて大損（ノックアウト）する債券です。私はここまではっきりと書きます。

現在、日経平均株価は１万７４４円（２０１０年３月18日付）です。ノックイン債は、株式に連動するようにできている（株式で運用する）危険な債券です。ですから、このノックイン債を売り出す際の「基準価格」とは、理論上は、とてもあり得ない価格です。

統計学という高級な数学を使った学問を使って組み立て（設計され）た商品です。この高等で難解な統計数学に従ってコンピュータにかけて、何百本もの関数のグラフを使って、それらを１本にまとめて作った気色の悪い金融商品です。そしてこの「基準価格」として、なんと５０００円とかが設定されるのです。

すなわち、日経平均株価が5000円を割るなどということは、普通の人々にはとても信じられないことです。ほとんどあり得ないことです。ですからこの基準価格として決めた5000円を、もし万が一、一度でも下回ることがあれば大変なことになります。その時には「取引条件を外《はず》れる価格」となって、投資元本は吹き飛んでしまいます。しかし、この異常な安値を一度でも下回らなければ、「お客様に年率8%を保証します。8%の利回り（利益）を保証します」という商品のことである。そして、実際には、おそらく、やがて、なんとこの5000円を割るのです。やがて割るのです。

そして一瞬でも、たった一回でも5000円を割ると、この奇怪な投資信託は、ほとんど金額が消えてしまいます。ノックイン債という金融商品は、まさしくデリバティブ（derivatives）なのです。本当のことを言えば、恐ろしい金融バクチ商品です。これを取り扱っている（売って回っている）証券会社や銀行そのものをも吹き飛ばしてしまうくらい恐ろしい新型の金融派生商品です。それらは、統合されて、〝金融核爆弾〟と呼ばれるべきものです。

そしてそれらを、なんと現に日本の多くの銀行や証券、生保が今も売って回っているのです。実際には、投資した金額が3分の1くらいに減るでしょう。「ノックイン債」を1

億円で買った人は、3000万円しか戻ってきません。このようにして、日本の資産家（お金持ち）たちに7000万円の損をさせるように初めから仕組んでいる。そうすることによって、〝反対売買《はんたいばいばい》〟あるいは〝オプション取引〟という恐るべき仕組みで、自分の子分《こぶん》扱いしている日本の証券会社や銀行の親玉であるニューヨークのシティバンクや、モルガン・スタンレーやゴールドマン・サックスのような巨大金融会社が、日本の投資家が被《こう》る実損（被害）の10倍くらいの利益を出す仕組みになっているのです。

金融商品はシロウトからお金を巻き上げるためにあるもの

こういうことは、プロの金融マンたちの世界では、薄々と気づかれていることです。ところが、誰も本当のことを書こうとしません。誠に恐ろしいことです。私自身も、これらの超《ちょう》高級な金融工学（ファイナンシャル・エンジニアリング）の手法を使って組み立てられ作られる金融詐欺商品の細かい仕組みはわかりません。しかし大きく言えば、こういうことです。

ですから、最近の3年の間に、現に〈ケース4〉で被害に遭った女性と同じ目に遭った人が世の中にたくさんいるのです。ですから、気をつけてください。「基準価格（理論価格、取引条件を外《はず》れる価格）となる日経平均５０００円を割るということは、とてもあり得ない」ということを前提として作られている商品です。しかし現実には、その「とてもあり得ない』と考えられる「取引条件を外れる価格」というのが、あり得る、起こり得る、のです。そのうち、数年以内に５０００円あるいは４５００円という日経平均株価が一瞬出現するということです。そのあと不思議なことに、急回復して株価はどんどん上がります。

だから、ノックイン型の債券（投資信託）とは、「株価が一定基準よりも下回らないこと、を条件に、元本保証される投資信託のこと」だと書いてあるのだが、この「ほとんどあり得ない」とされている基準価格（理論価格）を下回ることが、ホントウに起こるのです。「取引条件を外れる価格」という「とてもあり得ない」と考えられている事態が起こるのです。先ほどの、〈ケース４〉であった「元本が戻る見込みがなくなったので、と説明があった」ということが、そのことを指しています。

さらには、売り主である銀行あるいは証券会社の担当者に対して、この女性は「このまま投資信託（債券）を持ち続けて、値段が戻るのを待ちたいと返答したと書いてある。しかし担当者は、「それでは解約になります」と主張した、と書いている。だからこの被害者の女性47歳は、「ノックアウト」されたのだ。だからノックイン債とは、ノックアウト債のことなのです。

一体、世の中にこんな冗談のような話が転がっているものでしょうか。「もう、あなたのお金はなくなりました」などと銀行や証券会社が突然、知らせてくるのです。自分が必死で貯めた数百万円や数千万円のお金が、このような金融バクチ商品につぎ込まれて、騙されて、吹き飛ばされてしまうのです。

しかも、それでもなお、大手信託銀行や証券会社は、絶対に、処罰されることはありません。弱い者が損をするという泣き寝入りの構造が、ここにははっきりと見られます。銀行側は、「きちんと投資リスク（危険）の説明義務は果たした。あとはお客様の自己責任です」と主張するでしょう。「何も知らないかわいそうな年配の女性たちが狙われる」といえば、世の中はたいていその女性たちの肩を持ちます。そして、この事例では、相手は名だたる大手の信託銀行なのです。このかわいそうな年配の女性たちは、一体このあとどうすればいいのでしょうか。みんなで集まってその大手信託銀行の本店の前に行って抗議行動を起こしたという話を私は聞いたことがありません。きっとこれからもないでしょう。本当は、そうすればいいのです。

この〈ケース4〉の事例でも、銀行は女性が損をしたお金をどうせ返しません。「かわいそうに」でおしまいなのです。世の中は冷酷なのです。

「自己責任」と言われる前に、騙されないこと

この被害者になった女性たちの一部は、きっと裁判所に訴えて、裁判をして、自分の投資金を取り戻そうとしたことでしょう。だが、しかし裁判所は、ほとんどの場合、銀行や証券会社の肩を持ちます。普通の人々には信じられないことでしょうが、それが世の中の仕組みなのです。

ここでよく使われる言葉が「投資をした人に自己責任がある」という言葉です。この自己責任の原理は恐ろしい力をもって、人間の世界を支配しています。自業自得《じごうじとく》とも言われるでしょう。そして泣き寝入りをせよと諭《さと》されます。「どうせ騒いでも、時間と労力がかかる。その分自分が損をするだけだからあきらめなさい」と、妙に世の中を知ったかぶった人間に説得されるだけのことです。私はそうは思いません。争うべきと考えたら、トコトン争うべきです。

「この証券は金《きん》と交換できます」と書いてある、変な紙切れを売って回っていた会社が昔

ありました。実に立派そうに、高価なお札《さつ》のように印刷してあった紙切れです。それを騙されて買わされたおじいちゃんやおばあちゃんたちの虎の子のお金が奪い取られた。この「豊田《とよた》商事《しょうじ》事件」という金融詐欺事件が、25年くらい前（1985年）にありました。自動車会社のトヨタの名前をわざと使って、信用のある会社のフリをしたのです。実際には、金《きん》の地金《じがね》になど、その証券は変わることはなかったのです。この事件を起こした社長は、記者たちが取り囲んでいたマンションの一室で惨殺《ざんさつ》されました。何かさらに裏があって口封じで殺されたのでしょう。

当時は、金融詐欺会社が、かわいそうなおじいちゃん、おばあちゃんたちを何百人も騙したと、国民は眉をひそめた。しかしあのときも、豊田商事の社員であり、この金交換証券を盛んに売って回っていた社員たちは、幹部数人をのぞいて、罪に問われることはなかった。彼らは「自分は会社に雇われてこの商品を売れと命令されて、売って回っていただけだ。自分たちも被害者だ」と言った。

あの豊田商事事件や、今から38年前に騒がれた「天下《てんか》一家《いっか》の会」というねずみ講の事件（1972年に主宰者の内村健一《うちむらけんいち》が逮捕された）で「自分も被害者だ」と言った人たちがたくさんいた。現在は、あれらの素朴な金融詐欺事件とは比べ物にならないくらいの巨大な仕掛けと仕組みになっている。日本を代表する大きな金融法人である証券会社や生保や大銀行が、恐ろしい商品を、今も現に売って回っている。

私は、これまでに数冊の自分の本で、このことに警鐘を鳴らしてきた。それらの本はベストセラーの上位に乗り続けて今も全国の書店で売られている。『恐慌前夜《きょうこうぜんや》』（祥伝社・2008年9月刊）や『日米「振り込め詐欺」大恐慌』（徳間書店・2009年4月刊）です。それなのに、私の主張は世の中からまったく相手にされていません。私はなんと言っていいのかわかりません。それでは私は嘘つきか。私が書いていることは嘘のホラ話なのか。そのように、私を非難し、私に論争を挑んでくる者もいない。私は無視され、ほったらかしにされ、テレビ番組の討論会にもまったく出してもらえない。それなのに私の本は、広く、多くの人に読まれている。有識者（学者、専門家、知識人たち）も私の本を密かにたくさん読んでいる。そして、私はこのように「寄ってたかって無視されて」いる。この本の担当編集者に泣きつきたい気持ちです。でも、どうにもなりません。私は毎日、ポカンとして「世の中こんなもんかな」と思いながら生きています。

株式や国債がデジタル・マネー化する恐怖

債券に対して、株式の場合は、その企業の全財産の〝共有持ち分〟が、「紙面に化体《かたい》された持ち分権《けん》」です。ですから、株式は、その会社が倒産（破綻《はたん》）してしまうと、本当に無価値となり、紙切れとなります。最近の大企業や銀行の倒産（破綻）を考えればわかります。東京証券取引所（略して東証《とうしょう》）に上場《じょうじょう》されている株式一覧表は、毎日の新聞にその値段（価格）が公開されています。だから誰でも、その日のその値段で株式を買えます。そして、その企業が倒産（破綻）すると、株式一覧表の中のいちばん最後のところにある「整理ポスト」という欄に移されます。そこで2円とか4円という値段でしばらくは取引されます。もとは400円とか800円とかしたのに。

株式は「その企業の持ち分の権利」であるのに対し、社債（ボンド）は、あくまでその企業の借金証書です。これには、年率2％の配当金（イールド）という礼金《れいきん》が支払われる約束がついています。そのことは、その券面上《けんめんじょう》（証券のこと）に書かれています。これらの有価証券の取引はあくまで、所持している人が強い権利を持っている。だから「転々譲《てんてんじょ》渡《うと》されて」人手にどんどんわたってもいいわけです。証券は売り買いされるのです。当たり前のことですが。だから紙になっているのです。ところが、最近の法律で株券はすべて

「保管」あるいは「保護預《あずか》り」しなければいけなくなりました。少しずつ金融取引が統制《とうせい》される動きの一部でしょう。恐ろしい動きだと私は思います。

株券や債権は、あくまでその証券（紙切れ）を所持している人が持ち主であり、正当な権利者ということになる。紙幣を持っている人がそのお札の所有者だと「強く推定される」ことになっています。現金（お札《さつ》）はそれを持っている人のものだ、と考えられていることと同じです。だからもし、その株券や債券が盗まれたり、騙し取られたりした場合はどうなるか、という問題が古くから大学の法学部の世界ではグジャグジャと議論されてきました。法学部というのは、言ってはなんですが、そういう普通の生活ではあまり起こらない、どうでもいいような難しいことのために、何百時間もの勉強時間を投入させられる学部です。私も勉強させられた。ああ、くだらなかった。

そしてなんと現在では、株券だけでなくこの証券《セキュリティーズ》類が発行されなくなったのです。たとえば、国の発行する債券である国債《こくさい》（ナショナル・ボンド）ですが、最近、大々的に国（財務省）が売り出している「個人向け国債」のようなものは、証券（証紙）そのものが発行されません。国債という証券を買い手に渡してくれないのです。銀行や大企業の間で資金繰《ぐ》りのために売り買いされている国債で、「額面が5億円」のような大きな金額のものは、今もきちんと印刷され、発行されています。これには、利札《りふだ》という配当金のクーポン券が下についていて、今も印刷物として証券が発行されています。ところが、一般の国民向けの国債は、なんと証券さえ発行しなくなったのです。

たとえば、100万円の個人向け国債を買った人は、自分の通帳の中に、国債という名目で、金額の数字が並んでいるだけです。これが電子マネーとかデジタル・マネーと呼ばれるものです。国債の配当金《ディビデンド》は、まるで銀行の利息と同じように、たとえば「1年当たり元本の0・1%」で、わずか1000円が払われますので、その金額が載るでしょう。これでは「国家預金」です。国（政府）に預金しているだけのことです。国債を買うなどという言葉さえも死んでしまっている気がします。このように書くと私は日本政府のやることに公然と逆らうことになるのでしょうか。私は個人向け国債なんか買ってはいけない。どうせ将来、国債も値下がりして損をする、と主張してきました。

これらの電子マネー、デジタル・マネーの推進も、本当の理由は政府（国家）が、国民のお金に関する生活を、すべて政府（お金《かね》の警察官）が監視して自分の管理下に置きたいという危険な動機から行われている動きです。私は危険な傾向だと思っています。このデジタル・マネー化は、「なるべく現金を世の中からなくす」という官僚（高級公務員）たちによる危ない動きとして、どんどん今も強まっています。金融庁や税務署（国税庁）が何でもかんでも、国民のお金のことを監視下に置きたいのです。私が「逃がせ！隠せ！個人資産」という言葉を使いたい真意をどうか汲み取ってください。世の中はどんどん、これから先も暗くなって統制される社会になってゆきつつあるのです。

政府による統制は、経済統制（コントロールド・エコノミー controlled economy）だけではなく、国民の生活の監視である生活統制にまでおよびつつあります。どうやらじわじわと全体主義《ぜんたいしゅぎ》国家（トータリタリアニズム・ステイト Totalitarianism State）になりつつあるのです。

その顕著な具体例の一つが、空港での持ち物検査です。例のあの透視装置でバッグの中を見られたり、さらには人間の体全体を透視して下着の中までのぞかれるような事態になりつつあります。また町中の至るところに監視カメラが設置されるようになっています。現になっています。私たちの銀行でのお金の引き出しや送金もすべて税務署や金融庁につつ抜けになりつつあります。私たちは、この危険な動きに本気で気をつけなければいけません。役人ども（官僚）というのは、どこの国でも恐ろしい人間たちです。

「ハイ・イールド債券ファンド」の人に言えない実態

ノックイン債と並んで、大手銀行や証券会社が今も売って回っている債券（投資信託）が、「ハイ・イールド債券《ボンド》ファンド」です。以下に載せるのは週刊現代の２００９年７月11日号の記事です。この記事の内容は、ハイ・イールド債券ファンドを買って損をした人たちの話です。一体何が起きているのでしょう。

ケース5

「世の中には必ず『特例がある』投資信託の損は取り戻せる」

東京23区に住む女性Tさん（80歳・無職）は亡夫に対する申し訳ない気持ちが募り、最近、満足に眠ることができない。夫の遺してくれた資産が、わけのわからないうちになくなってしまったからだ。出入りの証券マンにダマされて多額の投資信託を購入し、それらが紙クズ同然になってしまったのだ。3年前に夫を亡くし、そのとき彼女の手元に残ったのは保険金などを合わせた4000万円。
　当初はこれを日本国債で運用していた。が、その後、証券会社に勧められるままに投資信託に乗り換えた。新興国の「公社債ファンド」や米国の「ハイ・イールド債券ファンド」など聞いたこともない投資信託を次々に売買され、最終的に資産のすべてがハイリスクの投資に化けた。やがてそれらは、昨年のサブプライム問題をきっかけに暴落。損害額は3000万円にまで膨れ上がった。ファンドはどれも先物やデリバティブを組み合わせた複雑なもので、80歳の高齢者が理解できるものではない。証券会社の営業マンは、同居する息子夫婦が家を空ける平日の日中を狙って現れるのが常だった。話し相手にもなってくれる営業マンに「資産運用」のためと言われ、サインと押印を繰り返した。（傍点、引用者）
（週刊現代　2009年7月11日号）

　このケースの80歳の女性の事例もまた、実にありふれたものだ。かわいそうな老女が証券マンに騙された。ああ、かわいそう。そしてそれでおしまいです。違う点は、ここでは

図表7　次々新しいものが出る金融商品

副島隆彦註　国が発行する個人向け国債だからと言って、安心であると信じ込まないほうがいい。

「新興国《しんこうこく》公社債ファンド」と「米国仕立てのハイ・イールド債券ファンド」を買わされて大失敗している点である。

初めは日本国債を買わされている。前述した通り、国債というのは、現金（お札）の次に信用のある安全なものだとされている。国債は国家の借金証書である。それを、〝トレジャリー treasury（財宝、宝物《たからもの》）〟と言って、もてはやしている。借金証書がどうして財宝《トレジャリー》なのか。私には理解できない。私たち国民にも、だいたい100万円単位で売っている。全国で買っている資産家の老人たちが何百万人もいる。だいたいは、「解約させられた郵便貯金からの乗り換え」での購入である。半ば強制購入だ。

新規発行の国債は、たいていの場合は、大口《おおぐち》取引（1回当たり数百億円）であり、銀行や保険会社が買って、資金の短期間での運用に使っている。国債は、たとえば期間10年間であれば（これを〝10年物〟という）、年率1・3％の利回りがついている。丸々10年間持ち続ければ、毎年100万円に対して1万3000円（ここから利子税として10％が天引きされる）が分配金（イールド）として払われる。これは安全確実な投資商品だと考えられている。それはそうだろう。売っているのは国だもの。

とくに日本国のように、〝黒字大国〟の一等国の国債は、ちょっとやそっとのことでは、デフォールト（債務不履行《さいむふりこう》、借金の踏み倒し）には陥らない、ということになっている。それに対して、アメリカ国債（ナショナル・ボンド）。より正確には、米財務省証券《べいざいむしょうしょうけん》＝TB《ティービー》、トレジャリー・ビルと言う）は、〝借金大国〟であるアメリカの財政がボロボロで、かつあまりにも大きな額を刷り続けているので、いざとなると信用力が落ちる。

だから米国債《べいこくさい》の暴落が噂されている。やがて近いうちに米国債は暴落するだろう。だから と言うわけで、アメリカ政府は、悪巧みをして日本国債までも一緒に「抱きつき心中《しんじゅう》」で暴落させようとしている。そうなると、利回りは逆に高くなる。国債が暴落すると、利回りは高くなるのです。

国債が暴落するシナリオ

国債が暴落するのはなぜか。少し説明しよう。国債の基準となる指標《しひょう》の値段が、毎日の新聞に載っている。たとえば、額面《がくめん》は100円なのに、101円50銭とかの値段がつく。国債は、財務省が発行して、この新規発行されたものを、銀行や生保などの引き受け団（シンジケート団）が買い取ることになっている。次々と新規に発行される国債（1回当たり2000億円とか4000億円）を、参加者に分け合って、どんどん「せり落とし」

て買っていく。そして、銀行や証券会社はその新規の、すなわち卸売《おろしう》り（卸し買い）で買ってきた新品の国債を、すぐに小売りに出す。そうなるともう中古品の国債ということになる。国債に値段がつくとは、こうやって中古品の市場ができているということである。

この中古品の国債市場で、また銀行や証券、保険会社が売り買いするのです。

だから、額面が１００円で金利が5年物で１・５％のものは、中古品の市場でさらに売り買いされて、新しい値段がついていく。これが１０５円とか１１０円に値上がりすればよい。ところが、なんと95円とか90円、85円と下がっていく時代がこれから来るのである。これが国債の暴落だ。

そうなると、償還期限（満期《まんき》）まで残っている年月が、2年とか1年というものについては、実質の利回りがどんどん高くなっていくのである。額面は１００円なのに、実際には90円とかで売り買いされる。中古品の国債が値下がり（暴落）するということは、利回り（実質金利）は跳ね上がっていくということです。このことをわかってください。国債の値段が変動するというのは、この国債の中古市場での売買価格が、機関投資家たちによって決められるからだ。

現在は、日本国債も米国債も、「10年物」はそれぞれ１・３％と３・６％で、どちらもかなり安定している。しかし、米国債は、やがて暴落を始めそうである。だから、実質利回りは4％、5％、6％と、跳ね上がっていく。1980年代の終わりには、アメリカの長期金利は、現に年率10％くらいまでいったことがある。「1年物」以内である短期金利（政策誘導金利とも言う）も同様に跳ね上がって、年率9％までいった。だからアメリカの住宅ローン（長期金利）は、年率で16％もの高い金利になった。これらは、国債を中心とする債券市場での売り買いから起きる一国の金利（あるいは利回り）というものの変動である。

おそらく、2年後の2012年に向かって、アメリカの国債は暴落する。金利が10％から15％に跳ね上がっていくことが予想される。それはもはやサラ金なみの金利である。とても誰も払うことのできない金利になる。これまでの10年間は、米国政府が無理矢理ジャブジャブの資金を供給する政策と、〝ゼロ金利〟と呼ばれる超低金利政策を続けた。今もそうだ。不況（デフレ）対策として、景気を刺激するために金利を極限のゼロ（近く）にまで引き下げたのだ。この超低金利のために、「安くお金を借りられる」ということで、企業経営を中心として、世の中の経済はなんとか回ってきた。それが、もうどうにもならない状況にやがてなります。〝高金利の時代〟が来るのです。だから、今の低金利の時代は、そのうち数年後には終わる。本当に高金利の時代がやってきます。

①株式市場での大暴落と、②為替市場（円とドル、ユーロの交換レート）の大暴落、すなわちドルの大暴落が起きる。そしてこれに、③国債の暴落（金利の高騰）が加わる。これでめでたく大恐慌が始まるのです。①、②、③の三つが揃って初めて大恐慌突入です。

そうなるともはや、政府が上手に管理している金融政策《マネタリー・ポリシー》の事態を超える。

たとえば、人間の平熱は36度5分だが、それを保つことができなくて、体温が39度、40度になることが予想されるのだ。それがハイパー・インフレーションへの突入である。「大不況（恐慌）なのに物価高《インフレ》になる」という奇妙な時代がやがて到来する。そうなると信じられるものは、自分の手元にある実物資産《じつぶつしさん》＝実物の財産（ストック資産）だけだ、という時代になるだろう。

そのときに、世の中でつぶれるべき企業、商店はさらにつぶれて、現在の半分近くくらいまで減る。人間の風邪のときの体の状態と同じだ。それは解熱剤《げねつざい》を飲んで無理矢理熱を冷ます、という対策もできなくなる状態である。高温のまま、しばらくの間放置して、それでも生き延びるものならば、体自体がもつ抵抗力と自然治癒力でそのままにして自然に高熱がおさまるのを待つしかないのである。そして次の時代が来る。それが新しい時代の始まりである。焼け野原からの再出発である。

近い将来、あらゆるペーパー・マネーは紙クズになる

現在、超低金利（ゼロ金利）と、〝ジャブジャブ〟と呼ばれるほどの過度の資金供給（米国債とドル紙幣の際限のない印刷と、それらの世界中の市場への供給）が行われている。それは、体温が34度くらいの低温状態になっているので、人工的に加熱して操作しているようなものである。低体温のままだと死んでしまう。熱を外から加えなければならない。だから無理をして、収入の根拠（裏付け）のないお札（資金、紙幣）をたくさんまき散らす。金利操作やお札の量の増減というものは、このように、政府による国家の体温調節のことなのです。

本当は、超低温も、超高温状態も、どちらもないのがいい。自分の体がもつ力（自然治《ち》癒《ゆ》力）で正常に戻すべきだ。それをクスリの力に任せて過剰にお札や国債（国の借金証書）を刷り散らすという政策をやめなければいけません。短期金利が〝ゼロ金利〟だという異常事態もやめなければならない。

現在は、アメリカ政府の金融・財政政策が決定的におかしくなりつつある段階にありま

す。だからそれに引きずられるようにして、いわばニューヨークの金融市場という〝ブラックホール〟に、世界中の資金が投げ込まれて、消えてなくなりつつある事態です。だから日本国民がコツコツと働いて貯めた年金資金や銀行、証券、生保などに預けて、運用を頼んでいた資金などが、ニューヨークの大きな金融法人が発行している、さまざまな証券（債券）に投資されて、運用されている。日本からアメリカに大量の資金（800兆円くらい）が流出してしまっている。

ここで大きな損が次々に出ている。これからもっともっと損失が表面化する。だからこそ、それに連動して、日本人が国内で買ういろいろな金融商品が爆発を起こして、大損を起こすのである。この事態は、来年、再来年にかけてはっきりと現れるだろう。このことを、日本国内では誰も公然と言おうとしません。だから、あらゆる種類のペーパー・マネーはダメになるのであり、なるべく、実質のある、実体のある〝モノ〟に自分の資産を移していかなければならない。「ペーパー・マネーから実物資産（タンジブル・アセット）へ自分の資産を移し変えなさい」と、私は2003年という早い時期からずっと唱えてきました。

そのように私は多くの著書で書いてきました。その中の代表的な一冊が、『「実物経済《タンジブル・エコノミー》」の復活』（光文社・2003年刊、のちに祥伝社黄金文庫）です。今も、大筋では私の考えは変わらない。みなさんも、なるべくペーパー・マネー、すなわち「紙切れ（証券）に化体している資産」ではなくて、金や銀やプラチナのような鉱物資源（コモディティ、基本物資）に替えたり、土地・建物などの不動産、その他、絵画や骨董品などの実質・実体のあるものに資産を移してください。

ペーパー・マネーには、強いて言えば、現金（紙幣）や国債までもが含まれる。すべて紙切れである。みなが欲しがる高価な紙であるから、信用があるからお札（現金）であるのに過ぎない。信用がなくなればタダの紙片《しへん》だ。預金通帳だって紙の束に過ぎない。預金3000万円とかの数字が並んでいるだけのものである。だから銀行預金もペーパー・マネーに過ぎないのです。

確実な投資先は、人民元と東京電力債

今の政府は、世界中どこの国もあまりにも多くのお札を刷りすぎている。日本銀行（日本の中央銀行）は、アメリカの圧力や脅しに必死に抵抗して、なるべく実質のないジャブジャブという資金を作らないように努力している。それでも、アメリカから「日銀はもっと金融緩和（資金の放出）をせよ」と脅迫され、圧力をかけられる。これに渋々と従って

いる。

だが、これにもやがて限界がくる。私の考えでは、あくまで世界帝国の中心の金融市場であるニューヨークで、デリバティブの三度目の大爆発が起きる。そして、①株式と②為替市場と③国債の暴落が起きて、現在の「米ドル中心の世界体制」が崩壊すると予測している。それが2010年末から起きるだろう。そして、その2年後の2012年末にボトム（大底）の時代が来る。まるで「2012年地球滅亡」というマヤ文明の地球破滅の予言と同じように思われるだろうが、このことは私が著作物でマヤの予言が注目される前から言っている。

このあと、生き延びた企業や国家が、焼け野原から復活していく。この時にはアメリカ帝国は、もはや世界の中心ではなくなるだろう。世界の中心は、「ブリックス（BRICs）」と呼ばれる新興4大国に移る。Bがブラジル、Rがロシア、Iがインド、Cがチャイナの四つの大国である。これら4大国はまだまだ貧乏な国民がたくさんいて、人口大国であり、ストリート・チルドレンのような孤児の極貧層までがたくさんいる国だ。

しかし、この新興4大国が、どう転んでも、これからの世界を動かしていく中心となる。そしてとりわけ中国の発展と成長がさらに続いて、中国を頂点、あるいは中心とする世界体制が徐々に出来上がっていく。この世界の動きは、どのような人々の力によっても、もはや阻止することができない大きな歴史的な動きである。「私は中国や中国人は大嫌いだ。あんな横柄《おうへい》な人間たちの風下《かざしも》に立つのはイヤだ。御免《ごめん》こうむる」と中国嫌いを公言する人々がいても構わない。それでもなお世界の中心は、どんどん中国に移っていくのです。

だから、簡単に言えば、今のうちに中国の人民元《レンミンビ》をなるべく買っておけばよい。ただし、日本の現状では、人民元建《じんみんげん》てで預金口座を作ることは実際上、まだできない。日本国内では人民元は買えない。どうしても買いたいならば、旅行者用のマネー・ショップに行って、人民元の束を買うしか他にはない。手数料が高くつく。それでも、今は1元が13円台にまで人民元が安くなっている。買い時だろう。これが1元15円に戻り、やがて20円、30円となっていく。だから今のうちに買っておけば、得をするのである。

ここでもっと本当のことを書きましょう。実は東京電力債や東京ガス債のような債券(公社債《こうしゃさい》)を買っておけばいいのです。日本の資産家たちの投資対象としては極めて、安全である。なぜなら、東京電力のような企業は多くの実質資産(発電所の設備や送電線、技術)を蓄えており、たとえ国家破産が起きても、東京電力が破産することはない。民間企業のフリをした大きな活動体である。東京電力や東京ガスなどの公社債を買うと、配当

図表8　東京電力㈱と東京ガス㈱　株価の推移

東京電力㈱【9501】

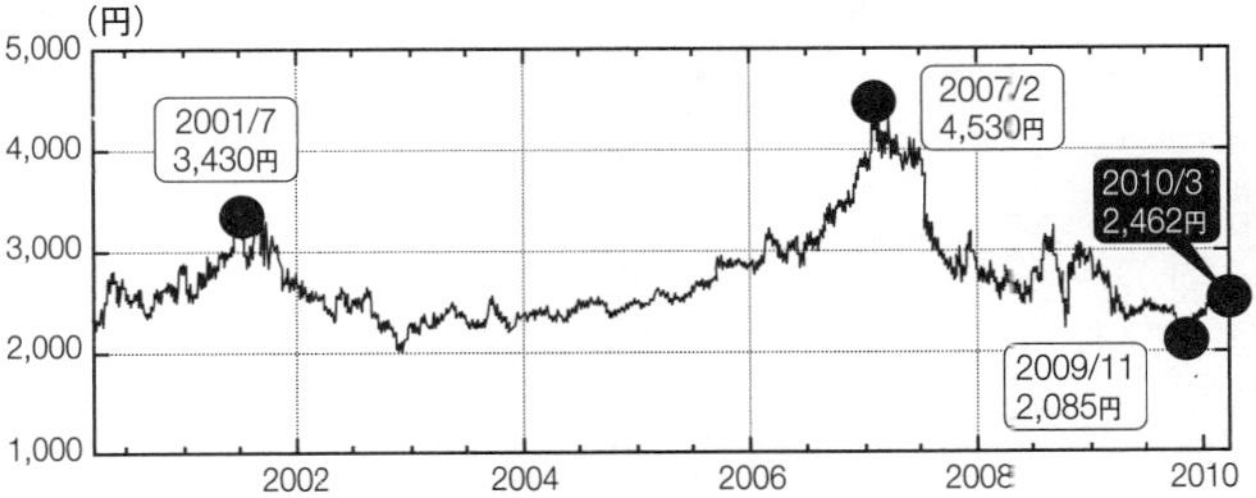
(円)
5,000
4,000
3,000
2,000
1,000
2002
2004
2006
2008
2010
2001/7
3,430円
2007/2
4,530円
2010/3
2,462円
2009/11
2,085円

東京ガス㈱【9531】

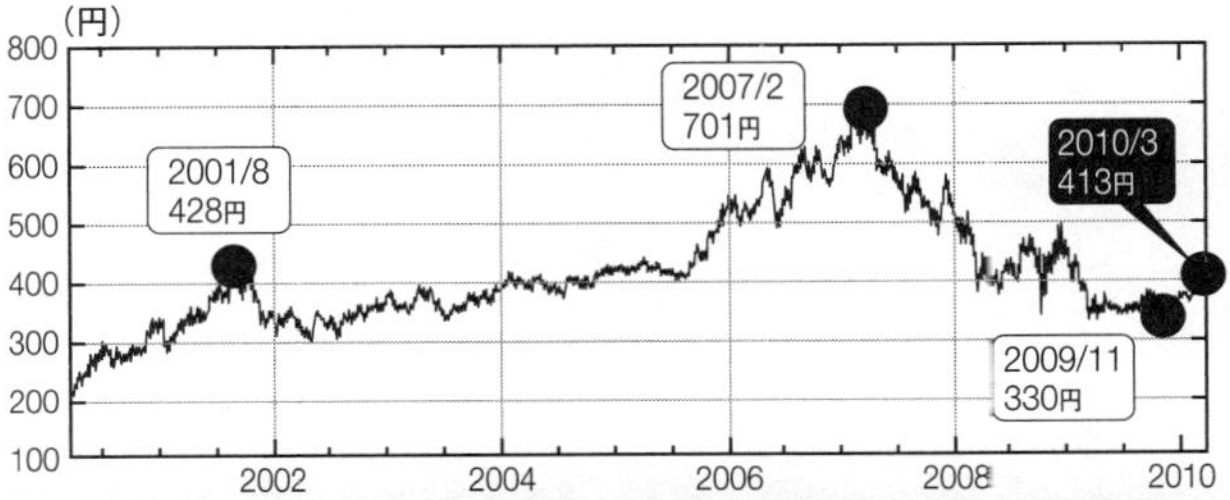
(円)
800
700
600
500
400
300
200
100
2002
2004
2006
2008
2010
2001/8
428円
2007/2
701円
2010/3
413円
2009/11
330円

東京電力㈱　参考指標	
時価総額	**3,302,350百万円**(12:34)
発行済株式数	**1,352,867,531株**(03/17)
配当利回り(実績)	**2.46%**(12:34)
1株配当(実績)	**60.00**(2009/03)
PER(実績)	**(連) ---倍**(12:34)
PBR(実績)	**(連) 1.31倍**(12:34)
EPS(実績)	**(連) -62.65**(2009/03)
BPS(実績)	**(連) 1,865.72**(2009/09)
最低購入代金	**244,100**(12:34)
単元株数	**100株**
年初来高値	**3,070**(09/01/05)
年初来安値	**2,085**(09/11/10)

東京ガス㈱　参考指標	
時価総額	**1,078,801百万円**(11:00)
発行済株式数	**2,703,761,295株**(03/18)
配当利回り(実績)	**2.01%**(11:00)
1株配当(実績)	**8.00**(2009/03)
PER(実績)	**(連) 25.53倍**(11:00)
PBR(実績)	**(連) 1.34倍**(11:00)
EPS(実績)	**(連) 15.63**(2009/03)
BPS(実績)	**(連) 296.69**(2009/09)
最低購入代金	**399,000**(11:00)
単元株数	**1,000株**
年初来高値	**466**(09/01/05)
年初来安値	**330**(09/11/12)

(出所：ヤフーファイナンス)

副島隆彦註　実は銀行預金や国債よりも、これらのほうが安全安心だと、堅実な資産家たちに考えられている。

も高いので、安心して資産を守ることができる。これは日本の堅実な（すなわち、馬鹿な投資などはしない）金持ちたちの間では、秘かに深く信じられて実行されている賢い投資方法なのです。ところが、世の中ではこの事実はあまり知られていない。この本を読んだ人たちにだけ教えておきます。

同じようにして、東京電力の株を買うと、長い間、２６００円くらいで動かないという性質がある。そして年率２・３％（60円）くらいの高い配当金ももらえるので安全である。

ハイ（高）・イールド（利回り）債のカラクリ

それに引き換え、先ほどの〈ケース5〉の80歳のおばあちゃんは、いつの間にか安全な国債での資金運用を変更させられて、その後、「証券会社に勧められるままに投資信託に乗り換えた。新興国の『公社債ファンド』や米国の『ハイ・イールド債券ファンド』など聞いたこともない投資信託を次々に売買され、最終的に資産のすべてがハイリスクの投資に化けた」とある。

普通は、利回りは年利2％くらいで回ればよいほうだと言われている。それくらいに現在の日本（超先進国だから）では、収益利回りは低いものなのである。スイスも同様に低い。

この「利回り」を不動産の事例で考えてみよう。

たとえば、昔ピーク時に10億円した駅前の小さな5階建ての商業ビルが、いまは1億円くらいで買えます。この各階のフロアをテナントに貸して、テナント料（家賃収入）で回して、「利回り10％」などという大家さん投資家向けの不動産市場というのがあります。

ところが実際には、商業ビルを含めて中古の不動産を買うと、修理代がかさみます。築15年も経つと、建物のあちこちが壊れ始めます。実質的には利回りは3％くらいです。利回り10％などあり得ません。1億円の築15年の中古ビルを買っても、実際に投資家である大家さんの利益として残るのは、年間に300万円くらいにしかならない。実質利回り3％です。それでも、手堅く3％もの利益が出れば、素晴らしいことなのです。実際には、このビルの全フロアのテナントの借り手が今はつきません。ガラガラ空き室が出ます。ということはどういうことになるのでしょう。

初めに投入した資金が、自己資金5000万円であり、残りは銀行から5000万円を借り入れるとします。これで「ピーク時の10分の1」に大暴落している駅前中古ビルを買った。この借り入れ金（銀行からの融資）の利息分のことを〝お金の値段〟といいます。

大企業や大金持ちは「安いお金」を仕入れて使うことができます。銀行が安く貸してくれます。ゼロ金利ですから、大企業の場合は、本当にほとんど金利ゼロで資金を調達して動かせます。

ところが貧乏な人や倒れかかっている企業の場合は、「高いお金」しか使えません。だからいつも借金状態で、サラ金から借りて回っているような人々は、年率20％のような〝高いお金〟しか使えない。すなわち、いつも火の車で赤字状態で借金に追われる生き方をしています。

利息制限法《りそくせいげんほう》の改正（２００６年）の前までは、年率40％近い高金利のお金を借りて、生活していた人々がたくさんいます。ですから、この金利や利回りという考え方は、非常に重要なのです。これが、実感でわかっている人を経営者と言います。どのような投資商品にも、日々の事業（儲けの企て）にも金利と利回りという考え方が入ってくるのです。

ですから、赤字を垂れ流すような状態で、借金だけが膨らんでいく経営をやっている企業は、必ず倒産（破綻）します。今はまだ超低金利と〝ジャブジャブという名のお金〟の時代ですから、赤字が続いていてもなんとかなっています。しかし、この先金利が跳ね上がっていく時代には、３年連続赤字の決算の企業は、今からバタバタと倒産していくでしょう。私たちは、いよいよ大きな地獄の釜の入り口にきているのです。

この〈ケース5〉の「ハイ（高い）・イールド（利回り）債」というのは、直訳すれば「高利回り債」だから、お客にとっては大変魅力的な商品です。騙されるはずです。「年率8％もの利回りが出ます（理論計算上は）」と、銀行マンや証券マンに勧誘されます。しかしけっして元本保証ではありません。かつ年率8％の利回りで利益が出ますと言っているのは、理論上の価格であって（「予想収益率」という）、確実に8％を約束して払うと言っているわけではありません。このことに注意してください。

たとえば、年率8％の定期預金があったら、何百万人もの人が一気にその銀行へ押し掛けるでしょう。世の中にうまい話はありません。今は年率で2％くらいの安全な資金運用があれば上出来なのです。安全と危険は常に隣り合わせです。誰も危険な人の側には近寄りたくないでしょう。でも危険な人が超ハンサムだったらどうするでしょう。ころりと騙されて近寄るでしょう。行ってはいけないところまで行ってしまいます。これも自己責任と言います。

あとで騙されたとギャーギャー騒いでも、周りの人たちはしらーっとして、同情するフリだけしますが、本当はしていません。「遊ばれて捨てられただけよ」と本当に親身な友人なら言ってくれるでしょう。しかしその友人との仲もそれでおしまいになります。女どうしでは真実は言ってはいけないことになっています。女どうしには友情は成り立ちません。男である私は、30年の調査研究によってこの真実に至りました。

ですから、ハイ・イールド債は、正式にはハイ・イールド債券ファンドなのであり、これも投資信託と呼ばれる証券投資（紙切れ）の一種です。本当は、「ハイリスク、ハイリターン債券」と名前をつけるべきなのです。

ところが「ハイリスク」のほうが消えてしまって、「ハイリターン（高利回り）」という言葉も「ハイ・イールド」という似たような別の言葉に代えられて、売り出されています。詐欺だと言ってもいい。無理矢理、化粧して、2時間かけて作った顔のようです。素晴らしいとも言えます。努力賞の金融商品です。

そして裏の真実の顔がその奥からヌーと現れたときに、その向こう側から鬼の顔が出現するのです。私は時々テレビで美人のニュースキャスターたちの顔を見ていて、その裏側に漂《ただよ》う残酷な本当の顔が透けて見えるようになりました。人生修行の賜物《たまもの》です。にっこりとほほえんでいますが、お前を騙してとって食うぞ、という真実の顔です。これがわかって初めて大人というものでしょう。「お化粧」のことを「お化《ば》け粧」と言うはずです。

「ハイリスク、ハイリターン」という言葉くらいは世の中に広まっています。高い危険を覚悟しておかさなければ、高い利益は生まれないという人間世界を貫く欲望の法則だ、ということになっています。ユダヤ人の精神を見事に言い表した言葉でしょう。そこから、近代資本主義（モダン・キャピタリズム）の精神が生まれたのです。

資本主義（キャピタリズム）の恐ろしい本性

だから金融のバクチ打ちたちは、相当に危ないことを覚悟してやります。自分が持っている資金のすべてを投入して、それを一気に2倍、3倍にするような金融商品に手を出して、すなわち、利回りで年率１００％（2倍）から２００％（3倍）、ところが、これを１カ月で出そうとすれば、利回りは２０００％から３０００％になります。こんな危険なことが、ニューヨークの金融市場では、今も平気で行われているのです。

彼らの巨大な火遊びが、結果的に世界中に迷惑をかけることになります。これが先のデリバティブ（ＲＭＢＳ《アールエムビーエス》やＣＤＯ《シーディーオー》、ＣＤＳ《シーディーエス》などの難しい名前の仕組み債です）のニューヨーク金融市場での大爆発です。〝金融核爆弾の破裂〟とも呼ばれるものです。あるいは、〝ホット・マネーやショート・マネーの爆発〟とも言います。超短期間で、大きな利益を出そうとする行動から生まれる結果です。そういう高度に危険な行動は、世の中の深い知恵の目から見れば、必ず失敗します。危険なことをしてはいけないのです。必ずしっぺ返しが来ます。

ところが、欲の深い人間というのは、どうしても危険な商品に手を出します。最初のうちはいいのですが、そのうちに大失敗して、元も子もなくしてしまうのです。

最近はもう、安全確実、堅実経営という言葉は聞かれなくなりました。「コツコツと真面目に働いて真面目に生きていく」という言葉は、今も生きてはいますが、あんまり使うと自分がみじめになるらしくて、人々は口にしなくなりました。しかし、親心《おやごころ》で、子供に親身になって教え諭す場合は、やはりこの「真面目に生きなさい」が最高の言葉でしょう。この世で唯一の無条件で無前提の愛は、親子の愛情だけでしょう。親子の愛情だけは掛値なしの無償《むしょう》の愛です。親の子どもへの愛情だけは無条件です。それが兄弟や親戚の間の血縁者の愛や、男女の愛などになると、どうも。

ハイリスク、ハイリターンの反対は、「ローリスク、ローリターン」で、「低い危険で利益も低い（小さい）」という意味です。ローリスク、ローリターンの典型が、銀行の定期預金ということになっています。安全確実の代名詞です。ところが銀行も倒産する時代になってきました。それでも一つの銀行につき、1000万円までは、政府が払い戻しを保証してくれます。これを「ペイオフ pay-off の制度」と言います。預金の1000万円と利息の分までは銀行の払い戻し（引き出し）を国が保証するということは、国が代わりに払ってくれるということです。国が破綻した銀行の代わりに払ってくれるのです。そのお金は、一体どこから出てくるのでしょう。

実は国というのは、お金を刷ろうと思えばいくらでも刷れるのです。この場合の「国」には、政府と日銀の両方が含まれます。日銀がお金（紙幣）を刷って、政府（財務省）が国債を刷ります。そして両方でちゃっちゃっと交換し合います。そうすると、なんと自動的に〝お金〟が生まれてしまうのです。〝信用創造《しんようそうぞう》〟と言います。これで今の世の中のお金の仕組みが動いています。しかし、こういうことを続けていると、やがて天罰がくだります。本当はやってはいけない〝禁じ手〟なのです。これらの大本《おおもと》のところであるアメリカに、まず天罰がくだらなければいけません。日本政府がやっていることは、アメリカ政府に引きずられて、悪い付き合いをさせられている結果です。無理矢理、不良の付き合いをさせられている少年少女のようなものですから、かわいいものです。

これがいちばん大きなところから見た今の世界のお金の動きです。

第三章 「騙されない」と思う人ほど騙される

みんなからお金を預かって大損させたトレーダーの話

2009年4月27日付の読売新聞に載った記事から引用します。

ケース6

「女性トレーダー起訴事実認める被害総額15億円?」

「関西初の女性トレーダー」との触れ込みで、元本保証をうたい、株式投資への資金を集めたとして、出資法違反(預かり金の禁止)罪に問われた主婦岩田矩子《ともこ》被告(55)(大阪府泉佐野市)の初公判が27日、大阪地裁(遠藤邦彦裁判官)であり、岩田被告は起訴事実を認めた。

起訴状では、岩田被告は2007年4~11月、6人の顧客に元本保証を約束し、8回にわたって計1億2000万円を預かった、とされる。

岩田被告は7〜8年前から1口100万円で約200人から出資金を集めており、被害額は15億円以上、という。検察側は今後、残る出資者についても追起訴する方針。（傍点、引用者）

（読売新聞　2009年4月27日）

この裁判は、「私は投資の専門家で才能があるので、私にお金を預けなさい。高配当（高い利益）を払ってあげるわよ」ともちかけて、友人や知人、そしてその周りにいる人々を騙して、お金を集めて、それらの集めた資金で株式投資を行い、結局大損して、実際上はすべてのお金が消えてなくなっている事例《ケース》である。お金を出資した（預けた）人々が騒ぎだして問題が表面化した典型的な事例である。あとで述べるねずみ講にも近い事例である。

この裁判は、被害者が6人となっている。被害額は1億2000万円。しかし、もっと他にも被害者がたくさんいて、集めたお金は15億円以上あると記事にある。最近はこういう投資の損害が表面化した事件がどんどん出ている。

「関西初の女性トレーダー」という触れ込みで、55歳の女性が投資資金の出資を募った。彼女は自分がお金儲け（株式投資というバクチ）の才能のある人間だと思い込んで、かつ自分の周りの友人や親戚たちまで巻き込んで、総額で15億円の株式投資をやったのだろう。ところが、2007年8月のサブプライムローン崩れ以来、日本の株式も暴落した。ここで大損が出始めて、2009年の2月頃には騒ぎが表面化して、警察および検察がとりあげる刑事事件《けいじ》（犯罪容疑）となったのである。15億円程度だから、たいした詐欺事件ではないとも言える。本当は世の中には、こういう「投資ファンド」のトラブルはたくさんあるのである。犯罪者として摘発されたこの55歳の女性は、調子に乗って、自分の周りの人々を苦しめてしまった。なぜ、この程度のお金の動かし方が犯罪とまで言われ、本人は逮捕されて、刑事裁判にかけられることになったのか。このことを考えてみよう。

この事件では、被害者になった人々は、ほとんどがこの「関西初の女性トレーダー」の友人、知人及びその紹介者であろう。この人々はこの岩田さんの才能を見込んでお金を預けて増やしてもらおうと思った。それは投資である。

逮捕し起訴されたこの女性は、何が悪かったのか。

確かにはっきりしていることは、被害者たちが騒いだことだろう。「預けたお金を返してくれ」と騒いで、警察に訴え出た。それで事件として明るみに出たのである。この新聞記事を読んだみなさんは、ああ、悪い女が一人いて、それに騙された人たちが周りにいた、かわいそうに、と思う。自分はこんな単純な騙され方はしないよ、と思う。でも騙されるかもしれない。実際、被告人が主婦岩田さんでなくて、お金を預けた相手が証券会社や銀行だったらどうなるのか。大損させられたことに変わりはないのに、一体、何が違うのか。自分には関係ないことだと思い、冷ややかに他人事《ひとごと》だと思って、傍観するだろう。

ところが実際には、みなさんも投資で損をしているではないか。五十歩百歩だ。お金を預けた相手が詐欺師に近い中年女性で、いかにもそのような虚言癖《きょげんへき》の人だったというふうに新聞記事からは見えるだろう。だが、この程度の投資話は、世の中に本当にたくさん、たくさんあるのです。

トレーダーはなぜ罪に問われたか

いいですか。あなたが自分のお金を、Aという友達に、100万円預けることは自由である。お金の貸し借りも自由です。当たり前です。そのお金を自分の代わりに株式投資や、他の金儲けの手段として使ってもらうことは自由にやっていいことだ。人間の生活は、自分で責任がとれることであれば、何をしようが自由である。「他人に迷惑をかけなければ何をやってもいい」。これが近代法《きんだいほう》を貫く原理です。これを少し上品に言い換えると「他人の権利を侵害しない限り、人は自由に行動できる」となります。だからこの「プロの投資家」を自称しているAを信用する人々が5人、10人と増えて、Aにお金を預けるとしても、何の問題はない。お金の貸し借りや使い方を委託（信託）することも自由である。国家や政府がいちいち干渉《かんしょう》し介入することではない。そうですよね。

ところが、なぜこの〈ケース6〉では、刑事事件にまでなってしまったのか。

それは、この岩田被告が、「不特定多数」を相手にしてお金を集め、投資することを「業《ぎょう》として為《な》した」からです。そのように警察・検察から判断されて、それは違法行為になる、と決めつけられたからです。そして被害者たちが騒いだという事実があり、被害届（他人の権利の侵害）が出されているから、犯罪として捜査の対象になったのです。この記事の中で、「出資法《しゅっしほう》違反（預かり金の禁止）罪に問われた」と書いてある。

出資法とは何か。預かり金の禁止という条文とは何か。預かり金がなぜ違法なのか。お金を人に預けたり人から預かったりすることが法律違反のはずはない。ここで、警察や検察庁が問題にしたのは、この被告人岩田さんが、「業《ぎょう》としてお金を預かっていた」と認定したからである。それが、出資法という法律違反になるのだ。しかも民事《みんじ》では済まなくて刑事《けいじ》事件（犯罪）にまでなってしまう。

「業として」お金を預かることができるのは、銀行や証券会社だけである。出資法という法律の考え方から言えばそのようになるのです。

「出資の受入れ、預り金及び金利等の取締りに関する法律（通称：出資法）」

最終改正日：平成19年6月13日

（出資金の受入の制限）

第一条　何人も、不特定且つ多数の者に対し、後日出資の払いもどしとして出資金の全額若しくはこれをこえる金額に相当する金銭を支払うべき旨を明示し、又は暗黙のうちに示して、出資金の受入をしてはならない。

（預り金の禁止）

第二条　業として預り金をするにつき他の法律に特別の規定のある者を除く外、何人も業として預り金をしてはならない。

2　前項の「預り金」とは、不特定かつ多数の者からの金銭の受入れであって、次に掲げるものをいう。

一　預金、貯金又は定期積金の受入れ

二　社債、借入金その他何らの名義をもってするを問わず、前号に掲げるものと同様の経済的性質を有するもの

（傍点、引用者）

この出資法という貸し金規制法の考え方は、「利息制限法《りそくせいげんほう》」（こちらは民事《みんじ》法）という法律とも似ていて、いわゆる〝サラ金問題〟や〝サラ金の多重債務者問題〟としてこの数年騒がれたときに重要な役目を果たしました。サラ金は消費者ローンとも呼ばれますが、無担保で30万、50万円のお金を貸してくれるノンバンクとも呼ばれる消費者（向け）金融会社が駅前とかにたくさん存在しました（２００６年12月の利息制限法の改正以来、いわゆるサラ金業者〈貸金業者〉は、激減した）。

ここで問題なのは、お金の貸し借りは、世の中で当たり前に行われていることで、国や政府がいちいち国民の経済生活に干渉していいことではない。ところがあまりにも暴利をむさぼる金利が横行すると、暴力団の温床になったりして、ひどい目に遭う人々が続出する。だから国家が介入して強制的に高い金利を禁止するのです。

図表9　利息制限法は改正された

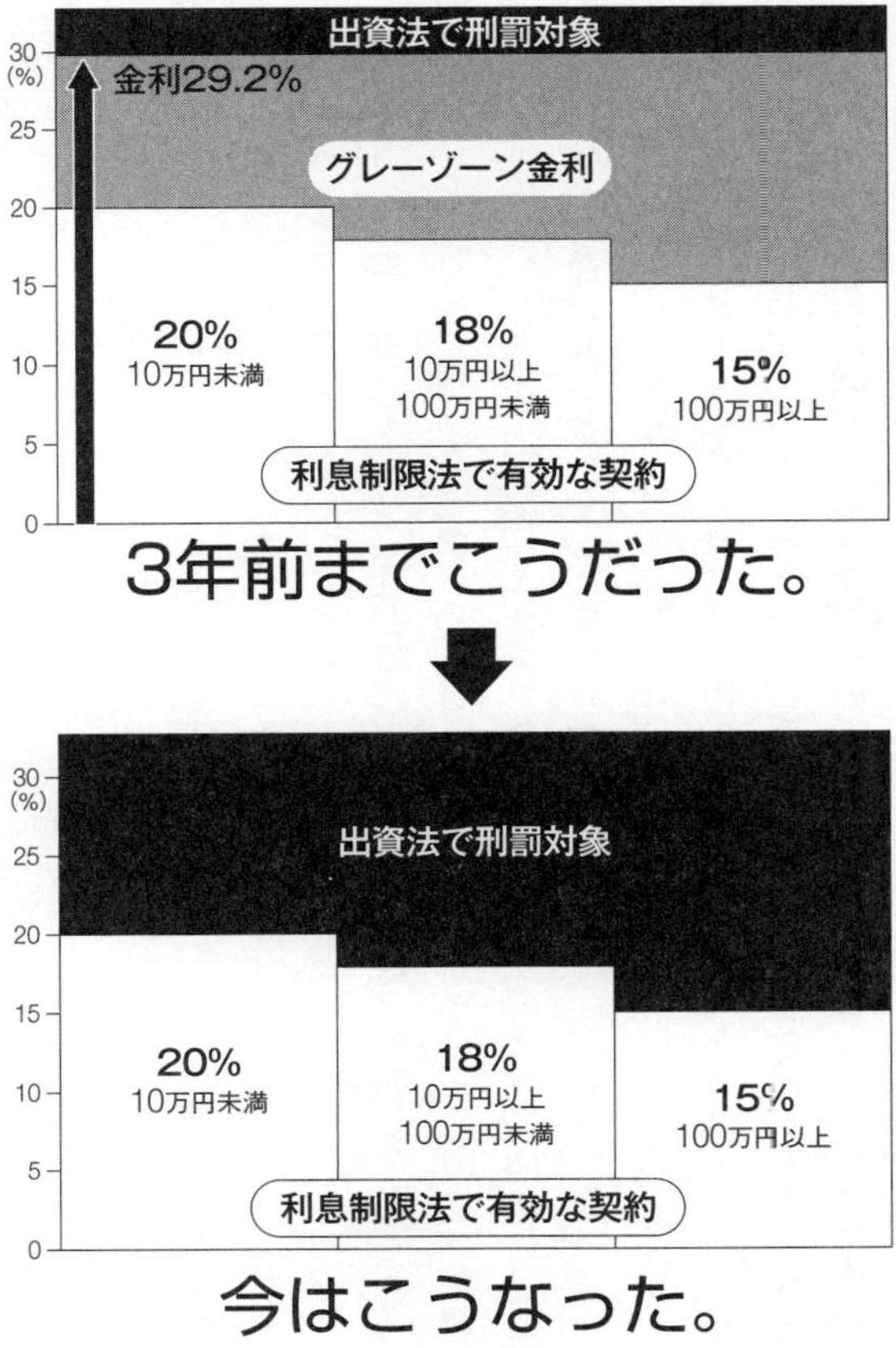
出資法で刑罰対象
30
(%)
25
20
15
10
5
0
金利29.2%
グレーゾーン金利
20%
10万円未満
18%
10万円以上
100万円未満
15%
100万円以上
利息制限法で有効な契約
3年前までこうだった。
出資法で刑罰対象
20%
10万円未満
18%
10万円以上
100万円未満
15%
100万円以上
利息制限法で有効な契約
今はこうなった。

（出所：日経ビジネスオンライン　2008年2月21日）

本来の人間世界においては、金利が年率100%（1年間で元利合計が2倍になる）の高金利だって、大昔からずっとあったことで難しい理屈は言いませんが、暴力団金融では「トイチ」という言葉が昔からあって（10日で1割という）恐ろしい高金利であった。100万円借りたら、1カ月後には130万円を返さなければならない。これを単純に年利に直すと（これを単利《たんり》計算と言う）利息だけで360万円にふくれ上がる。利息分だけでも360万円返さなければならない。すなわち、年率360%のぼったくりの金利である。このような恐ろしい事情が、本当に実社会の底辺に山というほど存在したのです。

普通の人々にとっては、想像を絶する恐ろしい世界です。しかし、以前人気を博した漫画の『ナニワ金融道』（青木雄二原作・作画）などでは、当然のように描かれた薄汚い実社会の一面です。普通の人はとても近寄らない世界です。

現在では、利息制限法が改正されて、簡単に言えば、100万円以上は年率15%以上の消費者金融の取引は違法となりました。10万円未満なら金利20%が限度です。これはこれで、日本社会を清潔にし、明るくするということにおいて、重要な前進です。ここでは、3年前に出た最高裁判所の判例《はんれい》（重要な裁判の判決文のこと）がもたらした意味が大きい。

それでも話を蒸し返しますが、お金の貸し借りは自由なのです。それを「業として為す」とか「不特定多数の人を相手にする」という法律解釈によって犯罪にまで仕立て上げられるケースが非常に多いのです。この「出資法違反（預り金の禁止）で逮捕・起訴」の事件をもっと深く理解するために卑近《ひきん》な事に置き換えると、それは、実は売春防止法の問題と似ているのです。

欲ボケした出資者のお金は結局、戻らない

売春というのは、男女間の性行為のことです。それにお金のやりとり（対価性《たいかせい》という）が含まれる。

少々えげつない言い方をすれば、女性が自分の気に入った男性と、10人、100人寝ようが、その女性の勝手です。そこに相手に好感を持てるとか、その度《たび》ごとに恋愛感情があるかないかの判断は難しい。簡単な話、友達の彼氏と寝ても法的には何の問題はない。そこでは、人間感情世界の倫理観や正義感の問題が強く残るだけだ。この男女間の性行為に、金銭の授受が伴っていても何の問題もない。金銭を伴ったら不潔であるとか、それは恋愛とか男女の愛と呼ぶにはふさわしくない、と考えるのが通常の人でしょう。だから、いわゆる売春が犯罪「的」と見なされるのは、それは性行為の相手が「不特定多数」で、かつ

「業として為す」と犯罪と見なされるということなのです。これでわかりますね？　ここでは「不特定多数」かつ「業として為している」か否かがものすごく重要なのです。

男女間の恋愛感情や性関係というのは、極めて微妙な問題であって、国家や警察が簡単に入り込んでいい世界ではない。「正しい性風俗」や「性的道義的観念を守る」という理由で警察がでしゃばってくるのは非常によくないことです。

私がこのような書き方をすると、おまえは性的にだらしない人間であり、正常な判断力のない人間なのだろう、などと思われるかもしれない。しかし、いいですか。法律学という冷酷な学問では、結婚した夫婦間で「お互いの生殖器を独占し合う関係」のことを婚姻《こんいん》と言う（結婚とも言う）のです。結婚とは、つきつめると「妻（夫）の生殖器の独占的利用権」のことです。だから、不倫とかの事件が裁判にまでなって争われると、ただの夫婦間のドロ仕合《じあい》では済まない。なんと妻（配偶者と言う）は、夫が浮気して性交渉を持った相手の女性を訴えて損害賠償請求（これを慰謝料とも言う）することもあるし、その権利があるのです。

男女の恋愛はどのような形であれ、なるべく法律が干渉しないで放っておくべきである。このことと同じように、投資を中心にしたお金のトラブルについても、国家による法的な強制はなるべく避けるべきである。

この事例（裁判）でも、15億円を集めた被告人岩田さんはどうせ被害者たちにお金を返せないのです。彼女は、牢屋に入る他、何の取り柄もない。彼女の持ち家などの財産があるとして、それを目当てにして預け金の返済や損害賠償請求の民事裁判を起こしてもいいのですが、実際上はもはやそのような手間をかける人はいないでしょう。これくらいのケースですと、この岩田さんが実刑判決を受けて刑務所に入ることはない。有罪判決は出るけれども、このような事例では、執行猶予がつくので実刑にはなりません（ところが、2010年3月18日（木）に、この岩田被告に対して大阪地裁で懲役2年8カ月の実刑判決が下った。金融詐欺に対して国家が厳しい対応をしつつある）。なぜならば、彼女を信頼してお金を預けて欲ボケした出資者たちの自己責任というものが一方にあるのです。裁判官は必ずしも被害者たちの味方だけをしようとは思わない。かつどうせお金は1円も戻ってこないのです。投資に失敗して全額吹き飛んでいるはずです。

ここで裁判官が守りたいのは、世の中の秩序なのであって、被害者ではないからです。別に国や裁判官がお金を払ってくれるわけではない。この新聞記事を、みんなは冷ややかに見つめているだけです。

被害者たちにしてみれば、もっと世の中から同情してもらいたいと考えるであろう。同情くらいはする。でも、こんなことはみんながすぐに忘れてしまうのです。それはヒドいと思う人は、「これが正義の実現なのですか?」と疑問文でいつも問いかければ済むと思っている人である。

同じような金融詐欺事件がアメリカでも発覚している。それは、「バーナード・マドフ事件」と呼ばれている。発覚したのは2008年12月10日である。驚くなかれ、被害総額は、650億ドル(約6兆円)である。先ほどの15億円などかわいいものである。〝アメリカ巨大ねずみ講の顚末《てんまつ》〟と呼ぶべき大事件である。6兆円という金額がどれほどのものか、ちょっと普通の感覚ではわからない。被害者数は1万人におよび、なんとニューヨークに住む金持ちユダヤ人たちのほとんどがひっかかっていた。深刻な被害者の場合は、3億ドル(約270億円)とかの全財産を吹き飛ばされている。スティーブン・スピルバーグ監督や作家のエリ・ヴィーゼル(ノーベル賞受賞者)たちまでも大損をしている。日本の野村ホールディングスも275億円の損を公表した。騙したほうのバーナード・マドフという人物は、ナスダック市場(NASDAQ)を作った人である。アメリカのこの巨大な金融詐欺事件(ねずみ講)の全容については、『バーナード・マドフ事件』(成甲書房、201

0年4月刊）を参考にしてください。

保険の怪しい、危ない話

保険金の支払いについてのトラブルも多い。

ケース7

「保険金支払われず　がん手術前入院　約款あいまい」

国民生活センターは3日、がん摘出手術を前に血糖値を下げるため入院した男性に対し、がん保険の入院保険金が支払われないケースがあったと発表した。同センター消費者苦情処理専門委員会は「本件は支払いを求めることができる」と判断した上で、「保険の約款《やっかん》があいまい。保険会社は支払い事由が明確になるよう改善することが求められる」とする助言をまとめた。

同センターによると、男性は前立腺がんで08年5月、19日間入院して血糖値を調整し、翌月に再入院してがん摘出手術を受けた。5月分の入院保険金約20万円を請求したが、保険会社側はがん保険の対象外とし、再入院や手術の分は支払い対象とした。

約款は、支払い事由を「がんの治療が必要とされ、その治療を受けることを直接の目的として入院していること」と記していた。同センターは委員会の助言を添えて保険会社に再考を求めたが、保険金は支払われなかった。同センターは「他のがん保険の約款でも同様の文言が使われており、今後もトラブルが懸念される」としている。（傍点、引用者）

（毎日新聞　2010年2月4日）

第三分野に注意せよ

「がん保険」はよく知られた商品です。盛んに宣伝されています。とくに外資系の保険会社の宣伝が激しい。「第三分野保険」と呼ばれる保険商品があります。これは、生命保険と損害保険の中間の形をした保険商品です。生命保険はわかりますよね。自分が死んだときに、奥さん（旦那さん）や年の若い子どもが生活に困らないように入る保険です。だから「死亡保険」と呼んだほうがいいかもしれません。不意の事故や病気で「死んだときに受け取る保険」です。

これに対して、損害保険というのは、建物（ビルや住宅）や、船舶、自動車などの乗り物に対して掛ける保険で、火災や衝突事故などで、それらの建物や乗り物が損害を受けたときに、修理したり、建て替えたりする費用を保険金として受け取る保険商品です。これもわかりますね。

それに対して「第三分野」と昔から呼ばれている保険の形があるのです。

第一分野（終身保険、定期保険、養老保険など）のいわゆる生命保険と、第二分野（火災保険、自動車保険など）に含まれない、中間の性質をした保険です。わかりやすく言えば、魚類とハ虫類の中間の生物種である両生類（カエル）のような保険です。それに当たるのが、「がん保険」です。

外資系の生命保険会社がこの分野で大きく伸びました。日本政府に1970年代からずっと、主にアメリカ政府とアメリカの保険業界が圧力をかけて、この第三分野と呼ばれるがん保険や入院費補償保険の領域が大きく広がりました。生命保険に似ていますが、本当はちょっと違う保険だということに気づきますね。

この保険の性質は、月々の掛け金が5000円などと安く、ガンにかかったらすぐに300万円をお支払いします、と宣伝に書いてあったりするので、気軽に買える「宝くじ」のような感覚でたくさん売れました。

ところが、いざガンの初期症状が病院の診断で発見されたとしても、なかなか保険会社が払ってくれないという問題（トラブル）が多く起きています。細かい争いの内容についてはここでは触れません。

ですから、第一分野と第二分野の、どちらにも属さないものを総称していますが、ここでは代表的なものであるがん保険だけに絞って考えましょう。

がん保険には、生命保険会社、損害保険会社の販売会社に対する規制や限定がありません。どこででも幅広く扱っています。たとえば、アリコジャパン、チューリッヒ、アメリカンファミリー生命保険といった外資の保険会社が、30年前から日本に上陸してきました。「ガンになったら500万円」などと宣伝して、私たちの周囲で多く見かけます。どういうトラブルが起きているのでしょうか。

「アリコジャパンに排除命令
上皮内新生物には一時金60万円給付　実は入院が必要」

「アメリカン・ライフ・インシュアランス・カンパニー」（米国、アリコ）の日本支店（東京都、アリコジャパン）が販売した「元気によくばり保険」を説明する新聞広告やパンフレットに消費者を誤認させる記載があったとして、公正取引《こうせいとりひき》委員会《いいんかい》は19日、同社に景品表示法違反（優良誤認）で排除命令を出した。保険会社の広告をめぐり排除命令を受けたのは平成15年5月の日本生命に続き2例目。

公取委によると、アリコジャパンは18年12月から今年1月にかけて、産経新聞など全国紙5紙と地方紙8紙に「元気によくばり保険」の広告を掲載。「標準コース」プランの説明の中で、「上皮《じょうひ》内新生物の場合は一括60万円を支払う」などと記載した。また、資料を請求してきた消費者に郵送したパンフレットにも同様の記載をした。

だが、実際は早期がんの上皮内新生物の診断が出た場合、手術のほか入院が必要で、内視鏡手術などで日帰りした場合は一時金の支払い対象外となっていた。

アリコジャパンは、パンフレットに「入院を条件とする」と記載してあり、優良誤認には当たらないと主張していた。

しかし公取委は、(1)パンフレットに書かれた入院を条件とするただし書きの文字やスペースが「一括60万円」と書かれた部分よりはるかに細かくて読みづらい上、新聞にはただし書きの記載がなかった(2)消費者は保険加入の経験が少なく誤認しやすい(3)通販商品であり、対面販売でない以上、丁寧な記載をするべきだ―として排除命令を出した。アリコジャパンは10月に入ってから記載を改めている。

(産経新聞　2007年10月19日)

保険会社は本来、相互会社(共同扶助組織)である

生命保険は、今や保険会社そのものが破綻(破産)してしまって、保険金を払ってもらえないという恐ろしい時代になりつつあります。ニューヨークで破綻した巨大保険会社のAIG《エーアイジー》の日本の優良子会社であるアリコも例外ではありません。最近になってアリコの引き受け手が見つかりました。まさかそんな、とみんな思います。それでも本当に保険会社

自身が、ある日突然（本当はそれなりの理由があるのであり、何年か内部では騒がれていたあとのことなのですが）、死亡してしまうのです。この危険がこれからもっともっと増えていきます。少しも笑えない話です。どんなに大きな保険会社といえども、みんなから掛け金として集めたお金を投資に回して運用しています。その保険会社の運用資金は、保険に加入している人たちのお金です。ですから、大手の保険会社でも、今でも、株式会社（難しくは営利《えいり》社団法人《しゃだんほうじん》）にならず、相互《そうご》会社のままの会社が多いです。

相互会社とは、営利（利益）を追求するためにいとなまれる企業ではなくて、参加者たちの共同扶助組織です。あくまで、利益を追求しているわけではありません。それは、農業協同組合（農協）や、消費生活協同組合（生協）のように、あくまで利益追求の組織ではない団体です。

だから、株式会社と相互会社で何が違うのかと言われますと、本当は何も違わないのですが、国税庁が株式会社にしろしろというので、なされているだけです。相互会社は社員代表という人たちがいて、株式会社における株主総会のような集会を開きます。実質においてはほとんど差がないのですが、あくまで営利（個人の金銭的欲望）を追求している団体であるかどうかという問題に行き着きます。

たとえば、病院（医療法人）や教育機関（学校法人）、宗教団体（宗教法人）のこの三つは、日本国憲法で保障された非営利団体の代表です。あくまで利益を追求しない。「公共の福祉、人々の幸せ」のための団体だということになっています。この医療、教育、宗教の三つの団体は、ですから税金を払わなくていいか、極めて低い税率で事業を行ったりします。なぜなら、これらは社会福祉の性質が強い団体ですから、儲けや利潤をたくさん出せ出せと言われる一般の株式会社などと同じような激しい競争をさせることが好ましくないからです。わかりますよね。

それでも、今の世の中では、宗教法人や医療法人（病院）や学校法人の名前を借りて、実質的には経営者の一族が、たくさんのお金を個人的に儲けてしまっているとも考えられています。だから、医療、教育、宗教の三団体に対して、課税を行えという考え方が徐々に出てきています。しかし私はこの考えに反対です。憲法が保障しているこれらの三つの団体は、あくまで税金をかけないで、非課税のままで守り続けるべきです。そのように考えるのが、世界基準（世界中で通用している考え方。ワールド・ヴァリューズ world values）であるからです。組織や団体が出来、お金が動いたら、なんでもかんでもそれに税金をかけるという考えは間違っています。税金はなるべく取らない、かけない、というのが正しい考えです。今の世の中に見られる妬《ねた》みや嫉妬《しっと》の感情で、お金持ち（資産家）や、企業経営者たちからたくさん税金をとれ、という考え方に私は徹底的に反対します。

世の中はお金持ちと、そうでない人（一般庶民、貧乏人とも言う）のばらつきがあって初めて自然な形だと思います。富裕層と庶民が何となく存在しているのが自然な世の中です。ただし、「格差社会をなくそう」という今の標語で強調されているようにあまりもの貧富の差の拡大はよくないことです。

現状で見ると、日本の社会は資産家（お金持ち）たちが、何億円もの大きな資金（資産）を持っているはずなのですが、彼らが人々からうらやましがられるような生活をしているようにはちっとも見えません。これは諸外国との比較において、そのように思います。なぜか知りませんが、日本の国では資産家（お金持ち）を妬んだり、そねみの感情を持ったりさせるように仕向けられています。その理由は、財務省・国税庁が、お金持ちや経営者たちからお金を税金の形で奪い取ろうとするからです。だから、金持ちたちのほうがすっかりおびえてしまって、派手な暮らしをしたり立派な家屋敷を造ったり、文化や芸術にお金をかけるということをしなくなりました。そうなると、世の中の雰囲気がますます沈滞して、みんながまとめて平等に貧乏な国になってしまいました。どうもよくない。

強欲な人間だからお金持ちになったのであり、真面目に暮らしている人々はつつましい生活をしてずっと貧乏のままである、という考え方そのものがおかしい。ある程度は、お金持ちになるほど努力した人々のその努力と個人の資質・能力を周りが褒めるような、正直で明るい社会にならなければいけないと私は思います。

「人間はすべて平等である」というのは、公務員とくに税務署や警察の立場から国民への強制である。このときに、税務署員や警察官たちはどうも自分たちが国民を取《と》り締《し》まっているエラい人間たちであるという大きな勘違いをしている。彼らは自分も一般国民の一人であるというフリだけはする。が、本当はそうではない。彼らは、法律に基づいた特権や権限を持っている。それが、ピストルを持ったり、強制捜査ができる権限である。それは法律によって規定されているのだが、公務員は国民の代表である国会議員（政治家、特別職の国家公務員となる）たちが作る政府（内閣）のもとで、厳しく権限を規制されて、国民の生活の安定と繁栄のために、下働きをする者たちなのである。

今のように、官僚（高給公務員）たちが、表面上は謙虚におとなしそうにしていながら、裏で、多くの権限を握って、奇怪な天下り団体を3万も作り、税金を使い散らして資産家や経営者たちをいじめている現状を、なんとしても改革しなければならない。そのために、昨年、2009年8月末の選挙で国民の熱い要望と支持でできた鳩山・小沢政権の本物の改革路線（「無血革命」と呼ばれる）を、徹底的に推進しなければならない。国民は、今の鳩山政権が行っている改革をおおいに期待し、応援している。

ところが、官僚（高給公務員）をはじめとする公務員の幹部たちや、テレビ・新聞の大手たちが、これまで自分たちが握りしめてきた利益や特権を奪い取られるものだから、激しい憎しみを込めて、鳩山・小沢政権に襲いかかっている。ウソの数字だらけの世論調査の数字を発表して、公正、公平でなければならないはずの報道機関のあるべき姿をかなぐり捨てて、鳩山政権と日本国民に襲いかかっている。この現状をなんとかしなければいけないと私は思います。

保険業界にはびこる詐欺「予定利率の変更」とは

現在、保険会社はどこも経営が危なくなっていて（その理由は資金運用の失敗、損失）そのために経営破綻しそうなので、「予定利率の変更」という普通の人にはわけのわからない専門用語をワザと使って、詐欺のようなことをしようとしています。これは国家レベルの詐欺で、保険に加入している人々が今後、被る被害としては避けられないものだ。たとえば、5000万円の契約だった生命保険金が、死亡時にその6割の3000万円の受け取り金（保険金）しか払ってもらえなくなる、というようなことです。大手の生保でも約束通り払えなくなりつつあるのです。

2000年10月に協栄生命《きょうえいせいめい》がつぶれ、2008年10月10日に大和《やまと》生命が破綻したとき、このことが実際に起ききました。監督庁である厚生労働省や金融庁の役人（官僚）たちも、誰も責任をとらない。国もグルである。金融詐欺事件の被害としてニュースに出るようなものではないのですが、もともとの保険業全体の仕組みからして、保険サービスを受ける被保険者すべてが、一律で損をするような仕組みになっているのです。

第四章 グローバルに仕組まれた金融商品の罠

外貨預金の落とし穴

主な金融商品としては、この他に外国為替《かわせ》の取引市場があります。為替というのは、もともとは送金《そうきん》（レミッタンス）あるいは、代金の決済（セツルメント）のことです。内国《ないこく》為替（国内送金）と外国為替があります。外国為替とは、簡単に言えば、ドルやユーロの外国通貨を買うことです。そのときに、取引の値段があるわけです。現在は1米ドルは90円です。このレート（交換比率）で外国旅行するときに、日本円を銀行に持っていって、ドルの紙幣やTC（トラベラーズチェック）に交換してもらいます。手数料がかかります。1ドル当たり3円です。

今では普通の人でも「外貨建て定期預金」を持つようになりました。10年くらい前からのブームでしょう。たとえばドル建ての外貨定期預金で、年率で金利が2・5％くらい付きます。後述しますが、これには当然、為替の〝変動リスク〟がつきまとう。日本国内の円建ての定期預金が年率で0・5％というお粗末さに比べて、1年もの定期預金で年率4％などという高金利が付く外貨預金があるものですから、手を出したくなるのも当然です。しかしここには裏に為替リスクが貼りついています。

今では多くの人が5万ドル（450万円）や10万ドル（900万円）くらいの外貨預金をしている。当然、受け取り利息（金利）は確かにいいのですが、為替リスクを背負っている。おそらく、今から3〜4年前に外貨預金をした人たちは、1米ドル120円くらいで買っています。それが昨年11月に1ドル＝84円まで暴落している。その後、90円前後にまで回復しています。私、副島隆彦は、やがて円・ドル相場は1ドル＝70円台どころか、60円台が出現すると予測（予言）しています。ということは、買った時よりも半値に下がるということです。

ですから、今、ドル建ての外貨預金を持っている人たちに対して、早めに解約して日本円に戻すことをおすすめすべき、かどうかはわかりません。どうぞご自分で判断してください。自分が損をしているときに、人に頼らないように。人のせいにしないように。愚かであった自分をしっかりと抱きしめて、よくよく反省してください。大事なことは、同じ過ちを二度と繰り返さないということです。

1回損する、失敗することは、どんな人でもあることである。男女問題であっても金銭問題であっても、就職（仕事）や家族設計（結婚や子育て）であっても、失敗や痛い目に遭うことはある。大きな買い物をする場合もそうです。しかし、同じ種類の間違いを2回

性懲《しょうこ》りもなく、「アメリカは強い。
米ドルは強い」という言葉を
吐く人たちに注意して下さい。

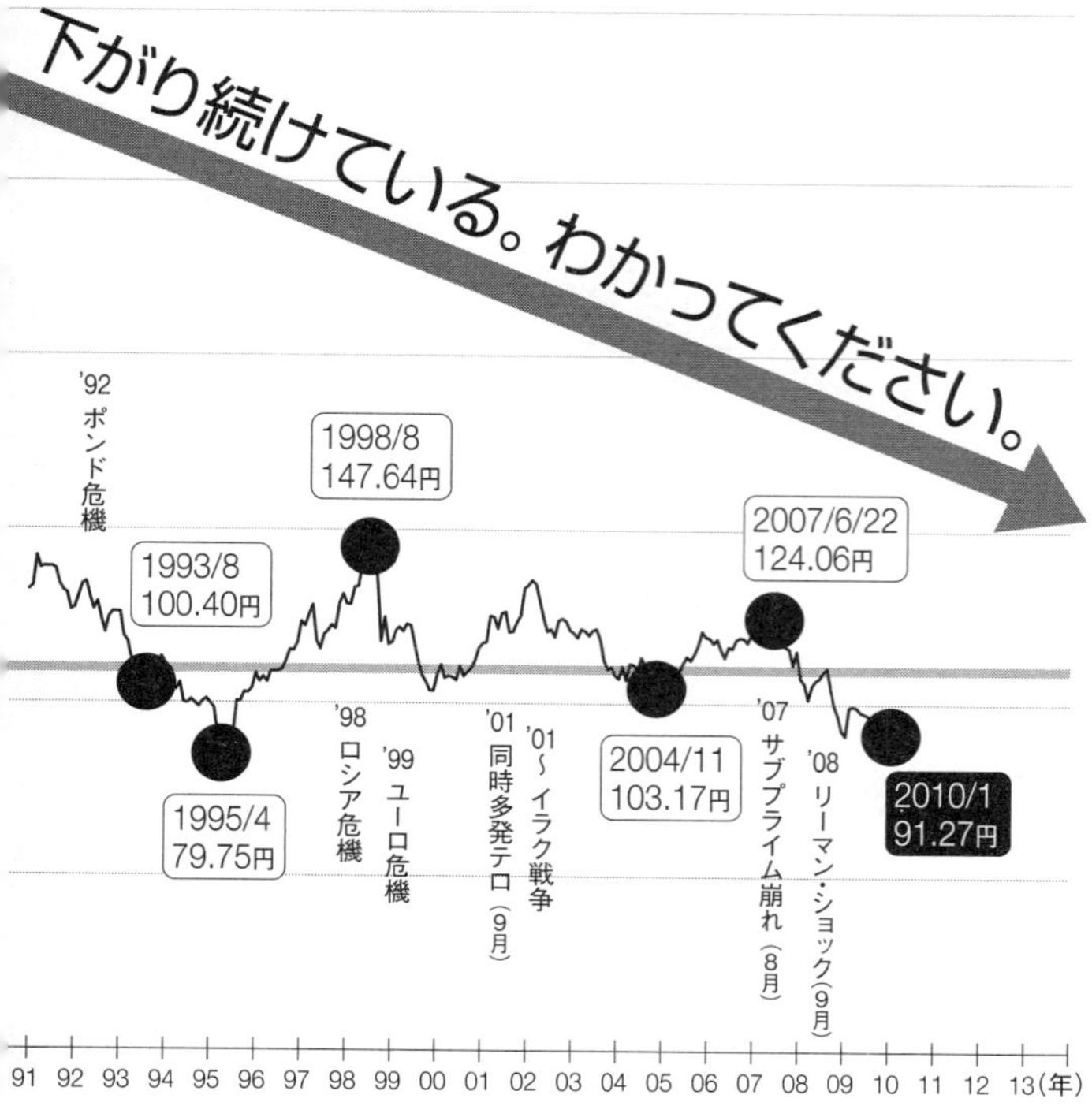
下がり続けている。わかってください。
'92 ポンド危機
1993/8
100.40円
1995/4
79.75円
1998/8
147.64円
'98 ロシア危機
'99 ユーロ危機
'01 同時多発テロ（9月）
'01~ イラク戦争
2004/11
103.17円
2007/6/22
124.06円
'07 サブプライム崩れ（8月）
'08 リーマン・ショック（9月）
2010/1
91.27円
91 92 93 94 95 96 97 98 99 00 01 02 03 04 05 06 07 08 09 10 11 12 13（年）

図表10　円ドル相場の推移

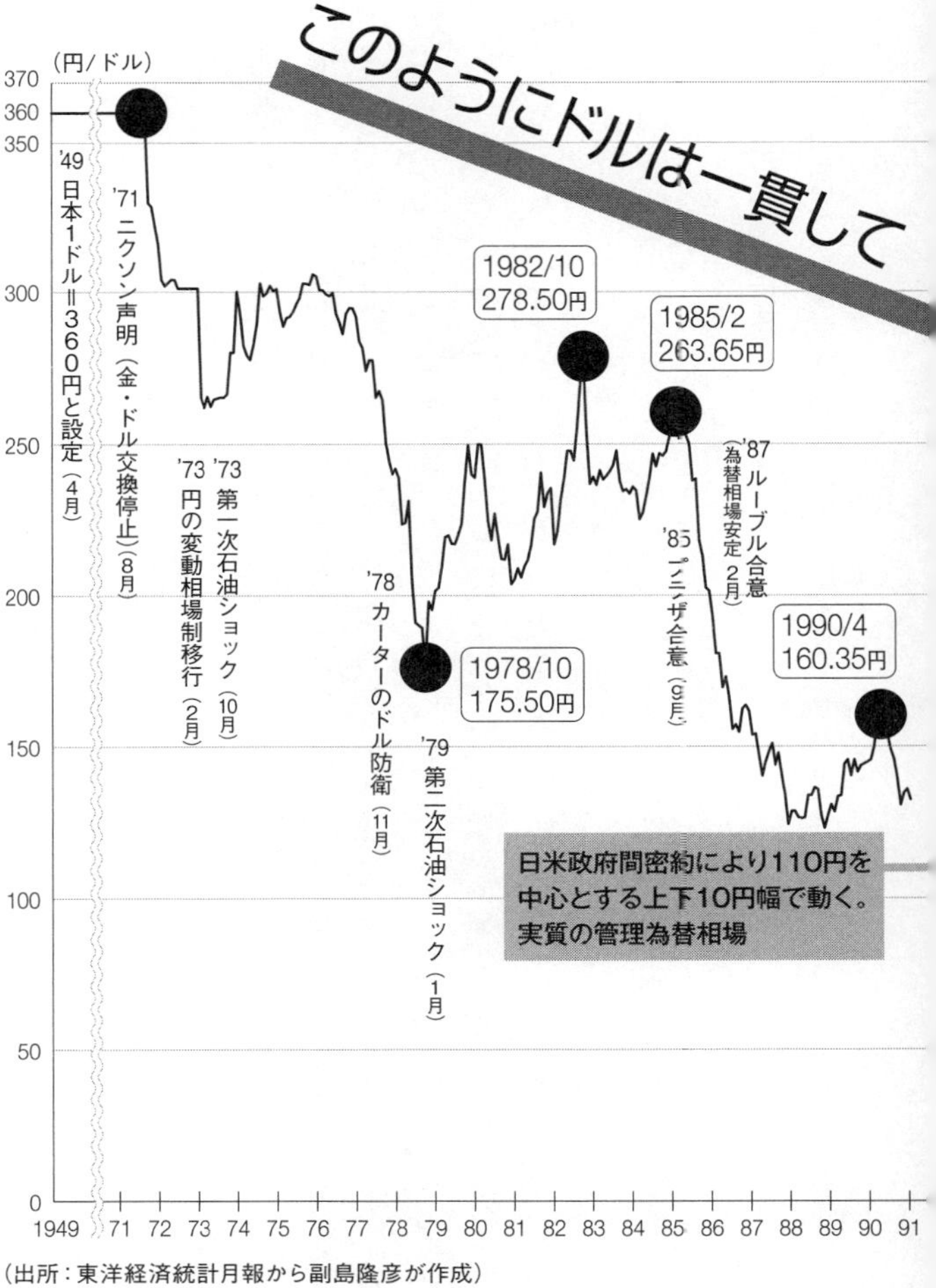

このようにドルは一貫して
(円/ドル)
370
360
350
300
250
200
150
100
50
0
1949
71
72
73
74
75
76
77
78
79
80
81
82
83
84
85
86
87
88
89
90
91
'49 日本1ドル＝360円と設定（4月）
'71 ニクソン声明（金・ドル交換停止）（8月）
'73 円の変動相場制移行（2月）
'73 第一次石油ショック（10月）
'78 カーターのドル防衛（11月）
'79 第二次石油ショック（1月）
'85 プラザ合意（9月）
'87 ルーブル合意（為替相場安定 2月）
1978/10
175.50円
1982/10
278.50円
1985/2
263.65円
1990/4
160.35円
日米政府間密約により110円を
中心とする上下10円幅で動く。
実質の管理為替相場

（出所：東洋経済統計月報から副島隆彦が作成）

繰り返すことは避けなければいけない。なぜなら、人生で大きな事柄について、何度も失敗することはいけないことなのです。それは致命的な誤りと言うべきです。小さな失敗は何回やってもいい。しかし大きな失敗や間違いは取り返しがつかない。人生はあと戻りができない。

話は脇道にそれるが、女性の失敗を私が鋭く観察していてわかることは、ずるずるとダメな男とずっと付き合い続けている女性たちがいることです。周りは不思議がっている。かなりしっかりした女性たちなのに、どうしても男運が悪い。なぜサッサと幸せな普通の結婚生活をしないのかと。このように言うことは、失礼なことだし、他人の人生への余計な干渉であるから、書いては（言っては）ならないことですが、私は言います。お金の失敗も同じようなものです。その人にとって大金である資産（全財産）と呼べるほどのものを投資に回して（ヘンな金融商品を買って）、ほとんど全額を失うともう立ち直れなくなります。もう一度、やり直して元通りにするということは、極めて厳しくなるのです。

含み損を抱え、途方に暮れる人々

さて、外資預金でどのような失敗をするか。2007年8月（サブプライムローン崩れ）の金融危機以来の円高《えんだか》（ドル安）と株安が、庶民の持つ外貨預金をも直撃しました。
次に載せるのは、２００８年10月25日付の読売新聞に載った記事です。40歳代の男性会社員が、６００万円のドル建てとユーロ建て二つの外貨預金をしていたのに、多額の含み損を抱えました。

ケース9

「株安・円高　家計に衝撃　1ドル90円台」

急激な円高は、日本の低金利で人気を集めていた外貨預金を直撃している。外貨預金は円をドルやユーロなどに換えて預金するため、高金利通貨ほど利回りがよく、さらに円安になるほど為替差益が膨らむ。しかし、現在の円高は外貨預金の魅力を失わせている。

都内に住む40歳代の男性会社員は昨年（2007年）9月から今年3月にかけ、ドル建てとユーロ建ての外貨預金を計約600万円分購入した。

ところが、この間に円相場が対ドルで最大23円、対ユーロで最大39円も上昇した。ドルとユーロの利下げも相次いだため、金利分を引いても含み損を抱えた状態だ。男性は「しばらく外貨で持ち続けるが、損が出ていると思うと日ごろの買い物も手控えたくなる」と話す。（傍点、引用者）

（読売新聞　2008年10月25日）

この新聞記事からまずわかることは、この40歳代の男性は「含み損を抱えている」という言葉です。含み損とは、まだ損失額（実損《じっそん》）が確定していないで、フワフワとした状態の損失金のことです。この男性は、最後のほうに書いてある通り、買値で６００万円（これを原資金という）が、評価損《ひょうかそん》で３割くらい下落している現状を握りしめて、ひたすら円相場が回復し、円安方向に動き、１ドル＝１２０円や１３０円に戻ることを祈っています。

この男性は、１３２〜１３３ページのグラフと照らし合わせるとわかるように、１ドル＝１２０円くらいで買って（高値づかみ）、23円下落している。このあと、ドルはさらに対円で下落し、２０１０年３月現在で、90円である。このあとさらにドルは下落し、円高（ドル安）方向へ向かうでしょう。

図表11　円／ユーロ相場の推移

（円）
200
180
160
140
120
100
80
60
0
2002
2004
2006
2008
2010
2000/10
88.8円
2003/5
140.9円
2007/8
152.6円
2008/7
171.0円
2010/3
123.0円

（出所：ヤフーファイナンス）

副島隆彦註　ヨーロッパの統一通貨であるユーロ（EURO）は、〝リーマン・ショック〟（2008年9月15日）の前に1ユーロ170円という高値をつけた。米ドルとの関係では1ユーロ＝1.6ドルにまで上昇した。ところがその後、下落して116円まで下がった。ヨーロッパ諸国の経済危機、崩壊までが心配されたが、かろうじて持ち直しつつある。現在は1ユーロ123円まで戻した。

ユーロ建てについても、1ユーロ＝170円にまでいった（2008年7月）が、その後、1ユーロ＝120円くらいにまで大きく下がっている。全体としては、原資金（投資元金）の2割くらいが減っただけである。しかもこれは評価損すなわち含み損である。まだ確定してはっきりとした損失金ではない。ユーロに関しては米ドルと違って、今から値《ね》を戻すだろう。この外貨定期預金を解約して、再び、円転《えんてん》すなわち外国為替（フォーリン・エクスチェンジ）を建てて、円建てのお金に戻したときに、損失額ははっきりする。おそらく、200万円くらいがなくなっている。

しかし、利息（金利）のほうは高い。初めの約束通りの年利での利息分は、きちんと銀行から支払われる。そのお金は、丸3年間で600万円の資金に対して、年率平均3％の定期預金の金利が払われるとすると、年18万円×3年分で、54万円になる。ただし、これから20％の利子税が引かれるので、手取りの金利は約40万円となる。これが為替で損した分と相殺《そうさい》になる。すると、だいたい150万円の実損となる。このような投資の損のことを、為替リスクと言うのです。

それぞれの国には、それぞれの国の〝通貨の力〟というものがあり、日本円は、実は世界的に非常に強い通貨なのです。それは、日本の輸出大企業約1200社が持つ技術力

（ハイテク工業製品の生産力）がものすごいので、日本国の信用が高く、日本は今も世界に冠たる貿易黒字大国なのです。

ところが、一般国民の生活たるや、あわれなものです。なぜこんなにも貧乏なのか。ここに大きな秘密と謎が隠されている。簡単に答えを言えば、それはアメリカ様《さま》に日本国民の大切なお金を貢がされ、奪われているからです。アメリカ様は、日本国民の大事な資金を簡単には返してくれません。現在までで、約７００兆円くらいの日本の資金が米国買いその他で、アメリカに流出しています。そしてこの真実は、日本のテレビや新聞はほとんど書こうとしません。アメリカを信頼して、頼ってすがりついてさえいればいい。日本はこのまま安全だと私たちは勝手に信じ込まされているだけです。

高金利通貨の魅力とリスク

先の外資預金の記事には「高金利通貨ほど利回りがよく、さらに円安になるほど為替差益が膨らむ」と書いてありました。これはどういう意味でしょうか。

実は世界中には、高金利の通貨がたくさんあります。たとえば、新興国のＢＲＩＣｓ《ブリックス》４大国の一つであるブラジルは、公定歩合でも10％近くあります。ですから定期預金で年利が12%も付く。ブラジルレアルで外貨預金をすれば、黙っていても金利が年利で12%も付くのです。こんなおいしい話は、日本国内にはありません。しかし、外国にはゴロゴロ転がっています。世界中でいったい何が起きているのかを、日本人は、本当はわかっていないのです。日本国民がレアルで預金をすれば、ものすごい割合で自己資産が増えていくのです。同じことは、南アフリカやニュージーランド、旧東欧諸国でも見られます。

　ところが、ふっと気づくのですが、そこで「為替差損（為替リスク）」の影響が出てくる。すなわち、これらの国の通貨は、弱いのです。いつ株や為替（自国通貨）が暴落するかわからない国々なのです。これをカントリー・リスクと言います。だから外貨預金は恐ろしいのです。それぞれの国の対外的信用力というものは、だいたい決まっています。高金利の国は、国内も激しいインフレを起こしており、いい意味では〝過熱した経済〟で高度経済成長が続いており、ちょっとくらいのインフレや物価高には負けないくらいの激しい成長を続けているとも言えます。

　これはたとえば、１９６０年代、70年代の日本と同じようなものです。高度成長期にあるその国の庶民の生活は、非常に苦しい。物価がどんどん上がってゆく。激しいインフレが続くのです。それに給料の値上げが追いつかないので、庶民生活は大変である。それでも、その国の人々は明るい。それが成長経済の良さというものです。1960年代、70年代の日本は、今から考えれば底抜けに明るかったと考えられる。みんなまだ本当に貧乏だった。映画『ALWAYS 三丁目の夕日』(漫画原作・西岸良平《さいがんりょうへい》)のように、大都市の郊外に団地が建ち並び出した頃の、高度経済成長まっさかりの日本でした。物価高(インフレ)が激しい勢いで続き、年に10%から20%もの物価の上昇であった。それでも、いろいろな電器製品や自動車、チープな海外旅行への出費に国民は必死になれた。そういう国々が世界中に今たくさんあるということです。

それに比べて、日本はすでにイギリス化しており、高度経済成長が終わったあとの陰鬱な老人大国のようになってしまっています。だから、50年前の日本の姿というものを、たとえ若い人々が経験していないとしても、自分の親や祖父母の時代の話としてたくさん聞き出して想像することで、知恵や知識は身につくのです。

日本で40年前、30年前に起きていたことが今、中国やアジア諸国や中東、南米、アフリカでも起きているのだとわかりさえすればいい。そうすれば、お金の動きや動かし方というこ
ともが、見えてくるのです。金融・経済について予言者を自称して信用を得ている私の企業秘密を明かすと、このの大きな流れで物事を読んでいるということです。このことが、どうも金融のプロや大銀行のエリート行員や、名うての投資家（相場師《そうばし》）たちにもわからないようです。

すなわち、「歴史に学ぶ知恵」というのが彼らには足りないのです。知識人というものをなめている。知識人（インテレクチュアル intellectuals）は普通、過去の資料や書物ばかり読んでいるから、古臭い、カビ臭い人間たちだと思われている。事実、私の周りにもそういう学者たちがたくさんいます。この者たちは確かに、古ぼけて使い物にならない。彼らは過去の歴史事実は山ほど知っているが、それをうまく利用して将来に当てはめようとする意欲がない。私は過去を知り、そして将来を見つめています。このように大きな流れで物事を考えるということが大切なのです。目先の小さなことしか考えられない人は、やはり資産防衛でも失敗するのです。人に騙されてしまうのです。

米ドルからは逃げなさい

前述した〈ケース9〉の通り、今でも多くのドル建ての外貨預金を持っている人たちは、ドルに対してきっと円が下がる（円安・ドル高になる）と淡い期待をまだ持っている。そしてその期待と希望にひたすらしがみついている。132〜133ページの円ドル相場の表にある通り、大きな流れでは、ドルはずっと下がり続けているでしょう。どうしてこの大きな流れ（トレンド）を見て、冷静に考えることをしないのか。40年前（1970年）には1ドル＝360円だった。その360円が240円台になり（1980年代）、ついには120円台になった（1990年代）。ということは、その半分の60円台になるに決まっているではないか。

なぜこの単純な、見るからに明白な流れを理解することができないのだろうか。私は不思議でならない。外国為替の専門家を自称する人々がそうだ。外貨建て金融商品を売っている銀行員や経済評論家のような人々のほとんどが今もそうだ。彼らはつい2年前まで「1ドルは160円、200円になる」と公然と言い、書いていたのである。知らん顔をしてトボケても出版した本たちが証拠で残っている。

もっとひどい金融評論家の詐欺師は、「1ドル＝300円になる」と書いていた。あの者たちの責任を追及する声は何もない。しかし彼ら金融のプロたちを含めて、「ドル建てポジションを持っていた人々」は大変なことになった。自分たち自身が、外貨預金などという素朴なものではない、ドル建ての各種の金融バクチ商品（デリバティブズ）を山ほど買って持っていた人々である。だから、当然、大損をした。おそらく、全財産の数億円とかを吹き飛ばした金融のプロや評論家たちがたくさんいる。彼らは、今ではもう事務所すら構えられない。従業員もすべて解雇した。自分だけの損ならそれはそれでいいのである。ところが彼らの場合は、周りに自分の大切なお客さんたちを抱えていた。客たちにまで大損させたのである。

だいたい彼らは、なんとかコンサルタンツとか、なんとかアソシエイツという投資顧問会社を持っていた。そこのお客たちに、一人当たり数千万円どころか数億円もの大損をさせてしまっている。自分の著作や講演活動でお客として集めた人々を、結果的にひどい騙し方をしてしまったのである。この事実も世の中ではほとんど指摘されていない。誰とは言わない。本当は30人くらい名前を挙げたいが、幻冬舎に迷惑がかかるのでやめます。名前を挙げれば誰でも知っているようなエラい人たちである。

こんな嫌なことばかり書く私の今の立場は何なのだろうか。「人の悪口を書く人は私は嫌いだ」という私への批判は甘んじて受けます。しかし、問題は他人の悪口を言うようなレベルの問題ではないのです。何百人もの日本の資産家（金持ち）や投資家が大損をさせられたのですから。私は呆然《ぼうぜん》と一人で立ちつくしています。いばるわけではないけれども、私は不思議なことに誰にも損をさせていない。迷惑をかけていない。私がこの10年間、書き続けてきた金融・経済本を読んだせいで損をした、という人に私は会ったことがない。それは言い過ぎだろう、少しはお前だって間違っただろうと思う人がいるでしょう。でも本当に私は一人も損をさせていません。自分でも不思議なくらいです。

私の本を早めに読んで、注意深く動いた人々は、少なくとも会社経営とかで判断の間違いをすることがなく、資金繰りや資産運用等でも上手に立ち回っている。あるいは、「金《きん》（ゴールド）の地金《じがね》を買いなさい」という2003年からの私の助言に素直に従った人とか、何かピンときた人たちは、金《きん》をかなり安いときに買って、大儲けしたようである。

だが、しかし、私に素直にお礼を言う人々は少ない。ときどき、講演会のあとなどに、さらりと一言、「あなたの本のおかげで儲かったよ。損をしないで済んだよ」と言って挨拶していく人たちがいる。「それはよかったですね」と言って私はにっこり笑って別れる。それだけのことだ。人間は意地汚い生き物であり、損をしたときは大声で泣き叫んで、人のせいにするのに、得をしたときは、自分の能力のせいであると思い込む。それはそれでよい。私は一冊1600円の単行本を買っていただいて、そのたった1割の160円（税込み）を出版社からいただいて、それをかき集めて生活している。私は、これまでのところは、予測や予言をまったく外していない。我ながら不思議な気がする。

その理由を考える。これまでは、ここまであまりあけすけに書いたことはないのだが書こう。なぜ私の予測、予言が当たり続けたかといえば、それは私がイヤ〜なことばかり書いて、人々が聞きたがらない悪い予測だけをし続けたからである。予測や予言は悪いものほど当たるもののようである。明るい予測（予言）は当たりません。これ以上は企業秘密ですから言えません。

銀行の安全神話もすでに崩れた

ドル建ての外貨預金については、このままある程度は持ち続けるのが当然である。為替の変動や金利の変化で一喜一憂しても仕方がない。これからは、もっと外貨を利用する機会が増えるのだから、日本国内で預けた外貨を海外でもそのまま使えるような仕組みに改良すべきである。日本国内の銀行の支店で作った外貨預金は、そのままでは外国で使えない。それは欠点である。やはり、香港上海銀行（ＨＳＢＣ《エイチエスビーシー》）やスタンダードチャータード銀行などのヨーロッパ系（イギリス系）の銀行に口座を開いて、そのまま香港やシンガポールでも引き下ろせるような仕組みに変えるべきである。

シティグループ（シティバンク）の倒産がささやかれている。アメリカ最大どころか、世界一（だった）の銀行の経営が傾いている。このままシティバンクに資金を預け続けることを私は勧めない。できれば他の銀行に資金を移すべきだ。しかし、シティバンクのような世界ネットワークを持っている口座の場合は、20万ドル（1800万円）くらいまでは、ペイオフ（政府による預金の支払い肩代わり）の制度があるので、あまり神経質にならず、預け続けていてもいいと思う。ただし、それが日本国民にまで適用になるかどうかは、私も調べていない。

同じく、日本国内での外貨預金はペイオフの対象にならない。普通の円建ての預金であれば、一つの銀行当たり、一人1000万円までは日本政府が返済を保証してくれる。利息分も含めてちゃんと払い戻してくれる。しかし、これは外貨預金にまでは適用されない。このことは肝に銘じておいてほしい。まさかそんな、大銀行が倒産、破綻するなどということがあるのかとみなさんはまだ思っているだろう。が、世の中、何が起こるかわからない。

みんなが勘違いしているのだが、「お金を預ける」ということは、お金を他人に貸すというのと同じことである。預金《デポジット》だって投資《インベストメント》なのです。最小限度の投資です。自分の友人にお金を貸しても戻ってこないことが多いのはわかっているだろう。それと同じで、銀行だから安全だということは、もうない。銀行（金融機関）ほど危ない、という時代にすでになってしまっている。私は、アメリカの大銀行（当然、シティバンクのこと）との仲が深すぎる日本の大銀行や、証券、生保は危ないと思っている。それに比べて、歴史的にヨーロッパの勢力との結びつきが強い三井住友銀行は何があっても大丈夫だと思う。

だから外貨預金をこれから買いたいと思う人は、これも金融バクチ商品の一つだと思って買うべきだ。金利がものすごく高い国があるのだから、先ほどのブラジルの例のように、その国と深い付き合いがあり、その国に何回も行く機会と必要がある人々は、その国の将来に期待して、その国に行ってそこで預金をすべきである。そしてその国の人々とともに、高度経済成長の楽しさと面白さを共有すべきだ。日本国内にだけ閉じこもって、何があっても日本にしがみつくというのは、これからは必ずしも賢い考え方ではない。日本は、国家の役人（官僚）や、税務署（国税庁）や警察が異様にうるさい嫌《イヤ》ーな国である。金持ち（資産家）たちは国というよりも金融統制官僚たちに狙われているのだ。

最近は、銀行に口座一つ開くことでさえ、まるで犯罪者扱いのようだ。ものすごく細かい証明を出させる。国家が、国民のお金の動かし方をいちいち細かく監視している国になりつつある。私は極めて不愉快である。金融統制国家になりつつある。個人の自由やお金に関する秘密がどんどん暴かれて、金融庁や税務署に対して丸裸にされつつある。私たちは、本気でこの事態を警戒しなければならない。

今では、銀行のお金の残高や動きは、ほとんど税務署に筒抜けになっていると見てもよい。たいしてお金もない人々にとってはどうでもいいことなのだが、数千万円以上の資金を持っている小金持ちから上の人々にとっては、うっとうしい話である。戦前や戦後でも、優れた見識を持った銀行の支店長たちは、税務署からの調査があっても「そのお客様の秘密に属することですから、お答えできません。お帰りください」と税務署員を丁重《ていちょう》に追い返した。そういう立派な支店長たちがいた。ところが今はどうだ。銀行が自ら国税庁・税務署の手先になって、何でもかんでもすべて見せてしまう。個人の秘密（プライバシー）も何もあったものではない。私はひどく不愉快である。

なぜ、国家や役人がこれほど威張りくさる国になってしまったのか。さらには、もっとひどいことには、個人のお金の動かし方が、オンラインでつながって、国家にすべて筒抜けになる時代まで想定される。それが納税者番号制度（略してノーパンではなく納番《のうばん》という）である。これに、社会保険番号（健康保険や年金の番号）という全国民の個人番号もあり、さらには「住民基本台帳法」に基づく地方自治体（市町村）の住民票による管理もある。これらがすべて組み合わされ、統合されて、私たちの私生活はますます「国」によって管理されつつある。

これは極めて危険な兆候である。この動きに対して、河村たかし名古屋市長が、「名古屋市（230万人）は住民基本台帳ネットワークから離脱を検討する」という宣言をした。

これは大変すばらしい決断である。

「『名古屋は住基ネット離脱も検討』河村市長、総務相に」

名古屋市の河村たかし市長は19日、原口《はらぐち》一博《かずひろ》総務相と面会し、住民基本台帳ネットワーク（住基《じゅうき》ネット）について、国に制度廃止を求めた上で、「名古屋は離脱を含めて考えていきます」と伝えた。河村市長は「市民の理解を得る手続きが必要」とし、討論会などの開催も検討して最終決断する方針を示した。

（朝日新聞　2010年1月19日）

この記事にあるごとく、河村たかし市長は、小沢一郎民主党幹事長や鳩山由紀夫首相につながる、非常に有能で立派な政治家である。国家官僚が国民生活を何でもかんでも管理下におき、管理しようとする傾向に歯止めをかけようとしている。個人の自由、プライバシーの保護を、官僚たちの妙な理屈で押しつぶされてはならない。国民や市民の代表としての正しい権限によって、「国家の暴走」を押しとどめようと努力している河村市長の姿は、大変すばらしいものである。

カナダドル、豪ドル建てならまだいい

外貨建て預金について、私が推奨したいのは、カナダ・ドルとオーストラリア・ドルでの預金である。今はどちらもかなり下落してしまっている。一時期は、1カナダドル＝120円、1オーストラリア・ドル＝130円もしたのに、今では、どちらも80円台である。今の安い時期にこそ、私は買うべきだと思う。米ドルと違って、カナダとオーストラリアは人口は少ないが国土面積は広くて、資源がたくさん眠っている。世界的恐慌の時代には、強みを発揮するだろう。

カナダとオーストラリアは白人国家であり、近代国家である。新興国への投資に対して不安感をもっている人たちであっても、安心できる国だ。ただし、カナダ・ドルやオーストラリア・ドルの預金は、それなりに大きな支店でなければ扱っていないだろうから、注

意してください。

そして前述した記事にもあったユーロ建ての資金であるが、今は、1ユーロが130円を割っているような弱含《よわぶく》みの状態である。2010年に入って、ユーロ危機が公然とささやかれている。ユーロ（EU《イーユー》、ヨーロッパ連合27か国の統一通貨）は危ないのではないか、と不安視されている。私もユーロ通貨は、これから一波乱あると思う。最悪、1ユーロが100円を割ることまで考えられる。

確かに、ヨーロッパ統一通貨であるユーロが誕生した1999年頃は、米ドルよりも弱い通貨であった。1ユーロに対して、0・9ドルの時期から始まった。それが1ユーロ＝1米ドル（2001年1月）になり、その後、米ドルを追い抜いていった。そしてピーク時には、1ユーロ＝1・6米ドルまでつけた。それが2008年3月である。

米ドルの下落は、ユーロや中国人民元《じんみんげん》との比較において、語られるのである。日本円も世界の主要な通貨だから、一応、相手にされている。しかし日本はアメリカの言いなりの家来《けらい》の国（属国《ぞっこく》）だから、世界からあまり尊敬されていない。その分、信用が低い。ユーロ通貨は思ったよりも米ドルに対して、強さが感じられなくなっている。それでも米ドルは暴落するのである。アメリカの金融の力や、世界的な信用力はどんどん落ちる一方である。それだから、米ドルはどうせ下落するのだが、ユーロも下落すると、何を基準に通貨の下落と呼べばいいのかがわからなくなる。

実は専門家たちも、この問題を言われるとわからないのである。ドル高（円安）、ドル安（円高）などと言うが、一体、何に対して、高い、安いなのかを考えなければならない。それは、おいしいとか、楽しいとか、きれい、美人だなどと同じように、そうではない何かを基準にして言っているだけなのである。ある一定の方向、すなわちトレンドによって言っているだけなのだ。それは、何かとの比較の問題なのである。おいしいとは、おいしくない（まずい）食べ物との比較である。楽しいとは、楽しくない、苦しいときとの比較である。美人だ、というのはそうでない方との比較である。

だから、ある事柄が正しい《ライト》、間違い《ウロング》と言えないのと同じように、円高、円安でさえ、以前のある時期との比較の問題にすぎないのである。このことを、わかってください。円高とは円安だったときとの比較にすぎない。世の中は流れと傾向の中で読むのです。儲かっているとか得をしているという言葉でさえ、本当は流れやトレンドで言っているだけなのです。金融や投資の話と言ってみても、この程度のふわふわした話なのです。

FXバクチ商品を客に売りつけてきた銀行員たち

ＦＸ《エフエックス》取引とは何でしょう。フォーリン・エクスチェンジ（Foreign Exchange）の略です。外国為替《かわせ》証拠金《しょうこきん》取引といいます。そういう金融商品のバクチ化した市場があるのです。

証拠金（保証金）を業者に預託《よたく》（預ける）して、外国為替市場で外貨の売り買いをすることで、利益や損失が出る取引の仕組みです。外貨を売ったり買ったりして、それを差金《さきん》決済《けっさい》（代金の差額の授受による取引終了）したときに、利益や損失が確定します。このように、通貨の売買を行う市場を使った金融バクチです。

このＦＸ取引のことを紹介した本がいろいろ書店に並んでいます。この取引のいちばん危ない点は、自分の手持ちの資金の１００倍、２００倍のお金を動かすことまで許している危険なギャンブルの場所だということです。

２００５年くらいから、為替取引についての専門知識やノウハウをほとんどもたない主婦やサラリーマンたちが、この外為《がいため》バクチ市場に大勢参入しました。そして、２００７年8月17日のサブプライムローン崩れのその日に、1ドル当たり4円の暴落があったものだから、全国各地で悲鳴を上げ、泣き叫びました。あのとき以来、ＦＸ市場取引の被害は、あとを絶ちません。

次に載せるのは、ＦＸ取引被害が増えているという毎日新聞の２００８年８月26日付の記事です。50歳代の主婦が担保（保証金のこと）として預けた保証金１３００万円が、パーになっています。

ケース10

「FX被害続々　保証金戻らず」

「保証金の流用は、詐欺も同然。なぜこんなことがまかり通るのか」。神奈川県に住む主婦（54）は悔しさをにじませた。

長男、長女の学費にできればと2004年夏、広告で見た「アルファ・エフエックス」（東京都港区）に保証金約1300万円を預け、豪ドルと英ポンドを買った。コツコツためた自分のアルバイト代や夫のボーナスをあてた。しかし、昨夏の米国の低所得者向け高金利住宅ローン（サブプライムローン）問題による急激な為替変動の影響で、ア社は昨年

11月に破産し保証金は戻らないまま。臨床心理士を目指して大学院進学を希望した大学3年の長女は進学をあきらめ就職活動に切り替えた。

関係者によると、保証金が返還されなかったのは、ア社の社長が保証金を会社による別の取引に流用し、巨額損失を出した末に保証金を失ったためとみられる。

主婦を含め顧客14人は社長（当時）ら幹部を相手に計約1億6800万円の損害賠償を求めて、今年2月に提訴した。

また、ア社破綻の1カ月前には「エフエックス札幌」（札幌市）が相場の急落から破産した。顧客約550人に返さなければならない保証金は約23億円に上るが、実際に返還できるのは1億円余にとどまる見通し。（傍点、引用者）

（毎日新聞　2008年8月26日）

これがＦＸ取引というものの結末です。この実例からわかることは、ＦＸ取引というものが大変リスクの大きなものだということです。ＦＸの取引を受け付ける業者自身が倒産破綻してしまっている。この事例では、小さな業者のところで取引をしたので、被害者の

54歳の主婦が、とりわけ高リスクの危ない取引をした、というわけではないようだ。実情としては、営業マンが勝手に彼女から受け取った資金で、危険なFX取引を何度か繰り返したのだろう。

被害者たちは、FX会社が勝手に取引を作った、そして損が出て、ゆえに保証金が返ってこないという話をしたはずである。取引に失敗した場合の損金を、充当《じゅうとう》（穴埋め）してしまって、「客にもう返さないで済ます」。すなわち、取引損額と保証金を相殺《そうさい》したのである。新聞記事には、「サブプライム問題が起きて、急激な為替変動が起きた」と書いてある。だから、オーストラリア・ドルも英国ポンドも、この時、対《たい》日本円で、一瞬のうちに下落した。

ここで問題なのは、このFX取引のレバレッジ（投資倍率）がどれくらいのものであったか、である。おそらく、30倍から50倍くらいの高倍率の取引が勝手に組み立てられていたであろう。では投資倍率の話をしよう。

「レバレッジ」はなぜ危険なのか

前のほう（99ページ）でも書いたが、100万円のお金で、30倍とかのレバレッジをかける取引ができる。3000万円分のオーストラリア・ドルを買ったはずである。あの当時、オーストラリア・ドルは120円くらいした。今は80円くらいに下がっている。だから、3000万円分÷120円で、25万豪ドルも買ってしまっている。1豪ドルは40円も値下がりしたので1000万円の評価損が出ている。ここで、この54歳の主婦が取引に「OK」を出していたかどうかが問題だ。おそらく、電話でのやりとりだけだったであろう。書類は何も残っていない。FX会社にしてみれば、主婦が「OK（取引の承認）」をしたと主張しただろう。ここでは、「それでいいですよ」という日本語だったと思う。金融バクチ取引の世界は、いつもこういうふうである。何も事情がわからない人が、金融会社の甘い言葉に騙されて、勝手に取引を作られて、大損してしまう。

この実例では、オーストラリア・ドルが、さらに2円下がれば、買ってしまった25万豪ドルは、1950万円に下落したことになる。評価損は1050万円になる。すると、彼女が先に払ってある保証金（証拠金）1300万円から、1050万円分が消えると考えるのである。FX取引とは、このように恐ろしいものである。

もし豪ドルが2円上がっていれば、この主婦は一瞬のうちに750万円儲かったのである［82(円)×250,000(豪ドル)−13,000,000(円)］。わかりますか？　まさしくバクチでしょう。濡《ぬ》れ手に粟《あわ》で大金を儲けようと思えば、人はバクチに手を出します。そして最後に痛い目に遭います。競馬や競輪、競艇であるならば、普通の主婦はそんなところには行きません。

私も、競馬の勝馬投票券《かちうまとうひょうけん》を売ったり買ったりなど、過去に一度つれていってもらっただけで、知りません。1枚600円で買った勝馬投票券が、その馬と2頭目の馬が、1位、2位で到着したという理由で、2000円になる、すなわち3倍くらいの利益が出るわけです。ちっぽけなお金だと思います。たった1枚だけを買うわけではないわけだから、10枚買って6000円が、1万8000円になって、その差額である1万2000円儲かりましたというようなみみっちい話です。これが公営ギャンブルの世界です。

だから、競馬場の馬券のギャンブルで儲かった、損したと言っても、賭け率（レバレッジ）は、よくて10倍くらいのものでしょう。「万《まん》馬券」という言葉がある。それは100円の馬券（勝馬投票券）が100倍の1万円になったときの大儲けのことです。ところがFX取引ではレバレッジ（投資倍率）が300倍、500倍という空恐ろしい賭博まで許されているのです。

大手銀行、証券、生保は多くの訴訟を抱えている

最近、これではあんまりだということで、賭け率（レバレッジ、投資倍率）を20倍以内くらいに規制しようという話が日本国内でも出ている。ＦＸ取引は、最近は巧みな金融庁の誘導で、「くりっく３６５」という官僚主導の市場で取引させようとしている。ところが、金融市場の本場のニューヨークで、このような投資規制が実際に行われるかどうか。金融取引の規制法案が米議会を通るかどうか。それを様子見しているのが、今の日本です。

先ほどの例でいえば、お客から預かった保証金を、ＦＸ会社は、自分のお金だと思わないで、確実に別段《べつだん》で別個に積み立てておかなければいけないのです。ところが、自分の手元に入ってしまったお金は、自分の資金だとバクチ人間はどうしても考えてしまう。だから、勝手にＦＸ専門の先物《さきもの》取引会社が使い込んで吹き飛ばしてしまったのです。あとで客たちがいくら泣き叫んでも、もうなくなったお金は誰も返してくれません。

新聞記事だけを読んでいると、善意の真面目な54歳の主婦が、金融業者の甘い言葉に騙されて大損をした。だから、「社会や政府がこの女性を守ってあげるべきだ」と考えるだろう。しかし、実際には消えてなくなってしまったお金を、彼女のために取り返してあげる人などいない。相談を受けた国民生活センターも何もしてくれません。これを、犯罪事

くださいといいます。このことをよくよくわかって嚙《か》み締《し》めてはしません。自分で自分を守るしかないのです。このことをよくよくわかって嚙み締めて

件にしてしまう警察にしてみても、裁判所にしてみても、この女性を守るなどということはしません。自分で自分を守るしかないのです。このことをよくよくわかって嚙《か》み締《し》めてください。世の中とはそういうものなのです。

損をさせられた投資家たちの中には、先物《さきもの》業者（FX業者）どころか、銀行や証券会社や生保を、「詐欺」を理由にして「損害賠償請求」で訴える人たちもいます。このようにして裁判沙汰になっているケースが世の中にはたくさんある。だから今も、社会的に名前の通っている有名な証券会社や生保、大銀行であっても、一社当たり全国でそれぞれがおそらく数百件も裁判を抱えているでしょう。

ところがこういう事実は、新聞記事やテレビ番組になりません。おかしいと思いませんか。投資した人のほとんどが大損しているわけだから、もっと世の中全体で実情を表に出して、大騒ぎでもして、みんなで考えるべきことなのです。それを全部、「それぞれの個人の生活上の秘密」ということにして、抑《おさ》え込んで表面化させないようにしている。それは、やはり大銀行や大証券会社や大生命保険会社がいけないのです。自分たちが金融のプロフェッショナルを自認し、多くの国民から資金を預かっていろいろな資金運用をやった、その結果なのです。それらの大きな真実を正直に表に出すべきだ。

普通の会社だったら、人々のお金を預かっているわけではないから、株式上場（リステッド listed）していないなら、世の中から非難される謂《いわ》れはない。自己責任の範囲で責任をとる。ところが、銀行というのは、多くの国民の資産を預かっている。それなのに、自分たちが投資の運用で失敗した件を、隠して表に出さないのはずるいことだ。これらの大金融法人（大金融機関）の人たちに、私は強く反省を促したい。

「ハメ込み」という新たな騙し

人間、損をすると、どこかでその損を挽回《ばんかい》したいと思うものである。損を取り戻そうと焦っている投資家の心理を突いて、銀行マンや証券マンたちは、さらに客が損をするとわかっているのに、新たに別の金融商品を勧める。そうすれば銀行や証券会社にまた手数料が入るのである。

ところが、現実はそんな甘い話ではなくて、なんと銀行や証券会社自身が作って抱えてしまっている、ろくでもない金融商品をお客（投資家）に売りつける。儲けが出る（きちんとした配当金がもらえる）どころか、最初から買ったとたんに損が出るような商品を買わせている。ひどい話だ。それを「ハメ込み商品」と言うのである。これは穢《きたな》い金融業界の人間たちだけが使う用語である。客に損をさせることで、自分が抱えている損を引き受けさせてしまうのだ。こんなひどいことを、あれこれ名前は書かないが、大銀行や大証券会社や大生保がやっているのです。

私がこういうことを書いても、これらの日本を代表する金融機関たちは、私に向かって、「名誉《めいよ》毀損《きそん》で訴える」と言いません。そういう元気もありません。あまりにもたくさんの客たちに損をさせてしまったので、名誉も誇りも何もなくなっています。これが日本の現状です。私だって開いた口がふさがりません。「まさか、そんなひどいことがあるわけがない」と疑問に思ったり、私に反論したい人の気持ちはわかります。

もし、私、副島隆彦が言っていることがウソだと思ったら、あなたが取引している銀行や証券会社に行って、ずけずけと聞いてみてください。そして私に質問のメールをしてきてください（略歴にメールアドレスあり）。必ずお返事します。

このような金融商品の「嵌《は》め込み」の手口は、本当に卑劣なものであり、金融業界というものが、もともともっている哀しい運命だ。お金＝金融というものは、人類（人間）にとって、本当に一人ひとりの人にとっては、血と汗の結晶であるから、だからこそ、穢《きたな》いものでもあるのです。だから、今の今でも、銀行や証券会社の支店の店頭で売っているような商品は、多くはその会社自身が、内部で抱え込んでしまっている損をお客に肩代わりさせ、付け回しするための騙しの手口そのものであったりするのです。だから、ここでも十分に用心して、**①注意し ②疑い ③警戒**してください。

金融マンは人を食い物にすることに慣れている

「奥様、前回はずいぶん損をなさいましたね。でも今度は大丈夫です」などと、甘い言葉をかけて、また騙そうとする。金融機関の営業マンたちというのは、今ではすっかりそのような「手負《てお》い狼《おおかみ》（傷を負って、今も必死で逃げ回っている獣《けもの》）」になっている。前後の見境なく、周りの人に襲いかかります。他の人たちの不幸や悲しみなど、気にしなくなります。

私がここまで書くと、金融業界の人々は、自分で自分が嫌になるようです。実際私に「副島先生はひどい。私たちはそんなに悪人ですか。私たちは、お客様のために良いことをしてあげようとして、いろんな商品を勧めてきたのです」と抗議をしてきた人々がいる。それに対して私は、「ああ、そうですか。それであなたは、お客さんに儲けさせたんですか。損をさせたんですか」と聞くと、もう何も言わなくなりました。「でも、それでも私は、会社が売れと言った商品を、一生懸命お客さんに売ったんです」と答えた人もいる。「それで損をさせたんでしょう」と言うと、やっぱり黙ってしまってもう何も言わない。だから、底抜けに明るい金融マンたちは、「奥様、今度こそ儲けましょう。あの損を取り返しましょう。リカバリー・ショット。カーンと行きましょう」と、死ぬまでポジティブ・シンキング。ああ。地獄の果てまでというのは、こういうことなのでしょうか。

私は次のようなメールをいただきました。ここに公表することはやや差し障《さわ》りがあります。しかし、匿名《とくめい》にして載せます。これ以上、日本国民に金融で損をさせないためです。

現在、私は、某銀行で投資信託や変額個人年金を販売しています。その資金の多くは担当地域のお客さまの定期預金なのですが、老後の資金ということで退職金をまとめて預かる場合も多く、それらのお金の多くは、「サブプライム以降」ひどい状況になっています。

銀行のお客さまは値動きをする商品にあまり慣れておらず、こちら側が提案する商品を、すんなりと疑いなく受け入れて購入したかたが多いです。投資信託では、副島先生が『日米「振り込め詐欺」大恐慌』で書かれていました、ノックイン債に多くの資金をつぎ込み、そして現在、ノックアウトしています。「償還までお待ちになれば、少しは回復するでしょう。（2009年の）3月から5月末までの株価をみると、日経平均が2000円ほど上がっています」と言って取りあえずお客さまをなだめその場を取り繕っています。

ノックイン債の投資信託はオプション取引を利用した投資信託であることは、私も知っておりました。「利益は限定、損失は無限大」ということも理解しておりました。ですが、これは、当行の主力商品であり、私がここに在職しているかぎり、これを売らないとここに在職している意味が無いのです。変額年金もそうです。ターゲット型の変額年金は、過去のデーターを持ち出してご説明いたします。大体5年ぐらいで1000万円がこれだけ増えて満期償還になっています、などと。しかしよくよく見ると、国債の組み入れ比率がかなり多く、過去の金利の高い時のデータで説明しています。

「普通の定期でいいです」。そういうお客さまは、複雑な金融商品など全く無縁であったはずです。それを知らないでよかった人たちの大切な老後の資金まで……。先生のご本は私の良心を目覚めさせてくださる本でした。海外に赴任していた夫が、日本に帰国して、日本の新聞、テレビはアメリカに毒されていると言って、帰国後、一切テレビや新聞を見なくなりました。

副島先生の本に出会ったことの、感謝の気持ちをお伝えしたく、メールをさせていただきました。

このような悲痛な、金融業界の現場の真面目な女性行員からのメールをいただきました。お客にやがて損をさせることがわかっている金融商品を、大銀行が今も売っているのです。私は恐ろしいことだと思う。そこらの詐欺師がやっていることならともかく、立派な門構えの金融法人がこういうことを白昼堂々とやっているのです。

第五章　大事な資産を守り抜くために

お金の話をすることに慣れなさい

多くの人がどうしてこんなにも簡単に、大切な自分のお金の預け方や運用の仕方で結果的に大失敗をしてしまうのだろうか。

それはどうやら私たちは、お金の話をすることに慣れていないからです。お金の話は穢《きたな》いことだと、学校教育で教わってきた。というよりも、学校教育では、私たちはお金のことをまったく習っていない。学校の先生になるような人たちは、言っては何ですが、実際の社会に出たこともないまま、大学を卒業して、そのまま学校という特殊な世界に入って、相手にしているのは生徒や学生という子供たちだけ。だから、教師という職業の人々は、本当の意味での実社会体験や大人の世界というのがわからない。お金にまつわる本当の重い苦労の多い世界のことがわからない。自分がわからないのだから、子供たちに教えることができるはずがない。こう書くと抗議（苦情）が来るだろうか。抗議なら私の個人のメールアドレスにどうぞ。

「学校は、社会の害毒やばい菌から子供たちを守るための場所だ。だから、穢いお金の話など教えないのが当然だ」と反論する人がいるだろう。けれども、やっぱり少しは実社会のもつお金にまつわる苦労や厳しい現実を教えるべきである。たとえば「友人や親戚に貸したお金は返ってこない」と教えるべきだ。「えっ？　どうして返してくれないの」などと言うようだと本当に話にならない。お金のことというのは大変なのです。今困っているから、どうしても貸してくれという人に対しては、「わかりました。このお金はあなたにあげたお金だと思ってお貸ししましょう」と言うべきなのです。このような人生の本当の知恵を子供たちにも教えるべきだ。私はそのように思います。

それでも世の中はお金を中心に回る

みんな知っているコトバだろうが、資本主義（キャピタリズム）という言葉がある。今の世の中は資本主義の世の中だ、とみんな思っている。それでは、この資本主義というのは何だと思いますか。別名を、市場経済（マーケット・エコノミー）とも言うのです。

資本主義とは、この世の中心はお金であるという考え方です。そして資本（お金）を、文字通り、中心の土台に置いてできあがっている社会であり、そのようにみんなが信じ込むことによって成り立っている体制（オーダー、秩序）のことです。ですから、お金が真ん中にあるわけですから、愛情とか優しさとか平和とか人権とかは、まあ脇にどかされても仕方がないという考え方のことなのです。「世の中はなんでもお金だ。お金がありさえすれば、たいていのことは解決する」。本当にそうでしょう。しかしこういうことを言う人に対して、周りの人たちは、嫌がり、けむたがります。そういう人は、生まれながらにかわいそうな人であり、さもしい根性をした人だと思われます。

しかし、私はやっぱり今の世の中はお金（資本、資金）を中心に回っていると、素直に認めた上で、お金のことをもっと真剣に本気で考えるようにしなければいけないと思います。お金のことを穢いものだとか、恥ずかしいものだというような考え方をしていると、結局、自分がひどい目に遭うのです。お金という猛獣を、きちんと自分で手なずけて管理して使いこなすことが出来るような人間にならなければ、今の厳しい世の中を、余裕を持って生きていくことはできないのです。

お金のことで人に騙されると、本当に自分の人生の大失敗になります。大失敗だけは避けないといけません。小さな失敗なら何回経験しても、やり直しがきくし、取り返しがつく。しかし、やってはいけない人生の大失敗は、絶対に避けなければいけません。とくに自分の大切な手持ち資産（資金）をすべて失ってしまうような大失敗をしてはいけません。すでにこの3年間の間に、株式の暴落や、会社経営で失敗して痛い目に遭ったことがある人々は、もう二度と同じような失敗を繰り返してはいけません。あなたがまだ若くて元気だったら、もう一度やり直すことができます。ただし、その場合には、本書の主張（主眼《しゅがん》目《もく》）である **①注意する ②何事も「いや、待てよ」と疑ってみる ③警戒（用心）する**、という心がけを絶対に忘れないでください。

プロは素人をカンタンに騙す

次に載せる記事は、２００９年12月15日付の朝日新聞に載ったものです。ある証券会社の営業職員たちが、顧客に投資信託を何度も買い替えさせ、総額2億円もの手数料を稼いだとして、金融庁からその証券会社に業務改善命令が出された事例です。

ケース11

「コスモ証券に改善命令　短期買い替え勧め、手数料荒稼ぎ」

金融庁は14日に、業界中堅のコスモ証券（本社・大阪市）に対し、金融商品取引法（略称・金商法《きんしょうほう》）に基づく業務改善命令を出した。多数の営業職員が手数料を目当てに顧客に投資信託を頻繁に買い替えさせる「回転売買《かいてんばいばい》」を繰り返していたという。同様の行為は、業界他社でもあると見られている。

金融庁や証券取引等監視委員会によると、高齢の女性顧客らに、手数料がかさむだけで利益を期待しにくい短期間での投信買い替えを勧める事例が多発。100回以上買い替えをさせた例もあった。少なくとも延べ223人の職員が関与し、延べ1210人の顧客から2億6100万円の手数料を得ていたという。

（朝日新聞　2009年12月15日）

この株取引によるトラブルでは、お客に頻繁に投資信託（ファンド）を買い替えさせて問題になった事例だ。「回転売買」とは、客に何度も売ったり買ったりさせること、そして証券マンが自分の利益である手数料を稼ぐことである。だが、ここで問題なのは、この証券会社が結果として客たちに大損をさせていたかどうか、である。

もし、客たちが預けた（信託した、任せた）資金が増えていたならば、文句は出ないはずだ。きっと、元本（もともとの投資資金）が2割や3割も減ってしまったから、客たちが怒りだしたのだろう。そして金融庁にまで紛争が届いた。それでこの会社に厳しい是正策をとらせた。やはり問題は、トクをさせたか、大損をさせたか、である。

私は、今の日本の金融業界を監督している金融庁（以前は、本当に金融監督庁と名乗っていた）が、あまりにもでしゃばって、金融業界の取引に干渉して、〝お金の警察官〟として、いつも目を光らせ、監視しているという状態はよくないと思う。お金に関する取引は、重要な取引だが、ほかの国民生活の場面でのいろいろな取引や契約とまったく同じものである。私たち個人（国民）は、なるべく自由に行動できる自由な社会でなければならない。役人や警察や国税庁が、国民とくに資産家（お金持ち）や企業経営者たちの営業活動や資金の動きに、いつも目を光らせているというのは、息苦しくて仕方がない社会である。

私はどうも最近は、この事例にある通り、金融商品取引法（かつての証券取引法を大幅に拡張したもの）という法律でお金の取引をすべて抑えつけ、国民生活のお目付役（監視者）となってゆく状態はよくないと思う。

わからないことはしつこく聞け

少しでも専門職の人間たちから離れれば、誰でもがシロウトさんだ。どんな人も自分の専門外のことはズブのシロウトである。だから私は、ずけずけと専門家である相手にしつこく聞く。バカにされてもいい。そんなことも知らないのか、と言われてもかまわない。大事なことは、「あなただって自分の専門外のことは何も知らないシロウトさんだよね」と、一言、言ってあげる。

相手の専門的な知識や雰囲気にほだされ、何でも、丸々信用してしまうのはよくない。その専門家を名乗る人がプロフェッショナルではなくて、客に大損（迷惑）をさせるような者たちだったらどうなるのか。大事なことを専門家から教えてもらう、正しく処置してもらうことだ。そのためには、自分が頼る相手をよくよく見極めて、その人が本当に専門家として有能な人であるかどうかを、厳しく値踏み（査定《さてい》）することが必要だ。だからここでも、十分に①**注意し**、②**疑い**、③**警戒（用心）**することが大切である。

これは、人間と人間のきちんとした信頼関係を築くためにも、大変重要なことでもある。このことができない人は、いつになっても孤立したままで、騙されっぱなしになる。相手の能力や人格を見極めることが大事なのだ。ソクラテスや、孔子様が言っていたように、

「わかるということとわからないということの区別」をつけることだ。ここまではわかるけれど、それから先はわからない。わからないことに対しては知ったかぶりをせず、「わからない」と相手にはっきり言うことだ。そして、「もう一度、詳しく説明してください」と頼めばいい。相手は専門家（プロウ pro）なのだから、お客がわかるまで丁寧に説明する責任がある。このように生きれば、騙されない力が身につく。

問いつめる技術を身につけよ

証券マンや銀行員、保険の外交員は、難しそうな理屈をあれこれ言いながら、パンフレットを説明し、買わせようとする。そのとき、「どこまであなたはわかっているのか」と聞き直し、「本当にわかってその商品を私に売りつけようとしているのか」と問い詰める技術を身につけないといけない。

なんとなくいい人そうだから、とか、有名な大きな証券会社や銀行が売っている商品だからという程度のゆるい根拠で、金融商品に手を出すとひどい目に遭う。

1000万円投資したら元本割れして300万円に減りました、といった実例をここまで挙げて説明してきました。ほとんどの人は、損をしている（含み損）契約を抱えたままで、金額が大きくて泣くに泣けない状況だ。これは詐欺なんじゃないかと思ったとしたら、本当に詐欺なのだ。こんな商品を売りつけて、私はちゃんとした説明受けていないとか、なんでこんなのを私に買わせたんだ、と泣きじゃくって泣きわめいて、相手につかみかかりたいと思っている人がたくさんいる。それなら、そうすればいいのです。誰も止めないだろう。しかしきっと、「暴力はいけません。暴力行為は犯罪です」と言われるだろう。どっちが犯罪者なのだろうか。

家族や親戚の中では、投資の失敗（大損）は隠していても、そのうちバレてしまう。本当の友人に対しては、自分が受けた傷や苦しみを相談する（打ち明ける）ことで痛みを減らそうとする。

それでも、自分が儲けようと思って、欲をかいて、結果的に大損したわけだ。だから、人のせいにはできないという思いが強まる。それでも「説明がなっていない」とか、「こんな商品を買うつもりではなかった」とか、「自分が思っていたものと相手が売ろうとした商品の中身が違った」という争いになるし、そういう争いはたくさんある。これからもっともっと増えるだろう。

そうなったときには、証券会社や銀行を裁判で訴えるのが正しい方法だ。訴えられたほうの証券会社、銀行は、「きちんと説明しました。買ったほうが自己責任で買ったのです。そして投資として失敗したのですから、それはあなたの責任です」と、ばーんと撥《は》ねつけてくるのが常である。最近になって、このような金融トラブルが激増しているので、裁判所以外に、「紛争を解決し処理する公的機関」を、金融役人たちが作ろうとしている。「解決」などありはしないのです。役人（官僚）たちは自分たちの業界監督責任の責任逃れをしたいのだ。

素人が株で儲け続けることはできない

誰でも気軽に買える株式投資の世界であっても、本当は相場のプロたちがやっているマネーゲームの世界だ。本当の本当は、今ではニューヨークやシカゴの金融先物《さきもの》市場を牛耳《ぎゅうじ》っている恐ろしい人たちが、日本の株価まで握っていて、毎日操作（相場操縦《そうばそうじゅう》、違法）している。普通の人がそんな世界に入っていって、儲け続けることができるはずがない。

素人が相場バクチをやって儲け続けることがないことは、人生の大きな真実だ。もちろん株式投資をやめろ、と言っているのではない。やりたい人は自由にやればいい。しかし頭の体操になってボケ防止にいいから、程度で、株や投資信託などで「絶対に儲かる」などという話を信用してはいけない。本当に「絶対儲かる」のは、〝インサイダー取引〟だけだ。内部情報や政府情報などの、本当の機密《きみつ》事項を知っている人々だけが儲かる。すなわち、八百長だけが儲かる。

株や債券、為替の動きを、私はこれまで自分の予測で大きく当ててきた。預言者のようだと言われてきた。それは私にはこの〝ヤラセ〟の構造が大きく見えるからだ。これが見えなければ、どうせ損をする。

なくならない未公開株の被害

2009年9月、国民生活センターは、未公開株《みこうかいかぶ》詐欺が再び横行しているとして、国民に注意を促した。「やがて新規に上場《じょうじょう》される企業が上場間近《まぢか》と勧誘されて、未公開の株を安く勧められて、購入した。しかし、いまだに上場がない」といった未公開株のトラブルは、2007年度にいったん減少した。このあと、再び増えているという。

被害事例もあとを絶たないという。2010年1月15日付の朝日新聞の記事を紹介する。

ケース12

「福山市などで未公開株めぐるトラブル急増」

2009年4月、広島県福山市坪生町《つぼうちょう》の農業男性(75)宅に、東京の会社を名乗る企業(A社)から自社の宣伝パンフレットが送られてきた。約2カ月後、株の仲介業者という企業から「A社が近く上場する。未公開株を持っていたら高額で買い取ります」と電話があった。

男性は不審に思ったが、ほかの「仲介業者」から同様の電話が10件以上来たことから、A社株を購入した。同じような手口でほかにも持ちかけられ、男性はA社を含む3社の株を計1400万円分買った。この間、株の発行会社から「先着順だから今のうちにもっと買った方がいい」と買い増しを勧められたという。

男性は四つの仲介業者と株の売却を約束した。が、どの業者も「電車の中で置き引きに遭って金を払えなくなった」などと理由をつけ、株を買い取らなかった。また、株を発行した3社のうち1社と連絡がとれなくなった。残る2社のうち1社が50万円の返済に応じただけだ。いずれの仲介業者も取り合ってくれないという。男性は12月、福山東署に被害

届を出した。男性は「老後のためのお金なのに」と声を落とした。（傍点、引用者）
（朝日新聞　２０１０年１月15日）

「あなたにだけ特別に耳寄りの情報を差し上げましょう」と寄って来る者はサギ師である。高度経済成長期、１９８０年代までは、どんな人がどんな株を買っても、３年、５年と放っておけば、必ず値下がり分は解消され、株価は回復した。買い値よりも3倍、5倍となっていることも多かった。そういうときは、その国、地域《リージョン》が発展しているときだ。投資をすれば誰でも儲かるというくらい健全に儲かっていた。しかし、今はそんな時代ではない。日本のそういう時期は過ぎ去ったのである。

それなのに「景気は回復する」「再び金融の時代だ」とはやしたてる人々が出てきている。そういう人々は一言で言えば詐欺師である。

騙されない力とは、いよいよ結論だが、やはり、①注意深くなること　②疑ってみること　③警戒心を持つこと、この三つである。「待てよ」という一瞬の思いが、自分を救う。はっと疑って、他の人の意見を聞いてみること。信頼できる人の意見を聞いてみることが大事である。

情報の多寡を問うな

人間はいろいろな欲望を持つ生き物だ。この欲望がひどく強くなると強欲《ごうよく》（greed　グリード）という。ある程度までは、グリード（強欲）であっても、健全な資本主義社会を作るのに必要な魂だと言える。人間社会には、自由競争が必要であり、能力評価されるべきであり、当然人にはそれぞれの能力に差異がある。お金持ちと貧乏人が世の中にいるという事実は、これから先も消すことはできない。

人間に能力の差異がある、という事実を、ないことにしてはいけない。これは自然の秩序だ。それでも、その差異の一部、能力の違いは、「情報が多い、少ない」という問題による差なのではないか」と考えることもできる。「情報（知識）の多い人が勝つ」というのは上品な言い方である。本当は「裏の情報がとれる」ということだ。あるいは、「人々よりも早く、物事の結果を知っている」ということだ。

裏の情報というのは、普通の人々の手には入らない情報というのと同じ意味だ。競馬やゲーム（試合）の結果を知っている人は、必ず賭けに勝つ。世の中には、「賢く知恵をつける本」などといったものがあるが、それ自体がウソである。

裏の情報とは、インサイダー（巨大な組織の特別な人々）だけがもつものだ。支配階級、権力者たち及び、それにつながっている人たちだけが知ることである。一般大衆にそのおこぼれは回ってこない。このことを勘違いしてはいけません。インサイダー情報から利益を得ることは、法律では禁止されています。しかし、世界の最高支配者たちや権力者たちは平気でこれをやっています。

生の情報から原理原則を構築すること

騙されない力とは、細かい情報が入る、入らないの違いにあるのではない。物事を大きく考える力があるか否かだ。仕入れた情報をきちっと整理できる力があるかどうかだ。

多くの人は、自分の頭で考えない。だから、相手が本当は、本心では何を言っているのか考えない。だから簡単に騙されてしまう。新聞に書いてあることでも、「ちょうど、その逆が真実なのではないか」と疑ってみるとよい。

私自身も、そんなに裏からの情報が入るわけではない。世界情報は政治事件を中心にしてアメリカやヨーロッパから定期的に入る。しかし、日本国内の情報に関しては何も入らない。テレビも見ない、新聞も読まない、何にも読まない。今のテレビ、新聞は最悪だ。それよりはインターネットで良質な情報を集めることができる。出版社が出している書籍（単行本）は、著者が本気で書いていそうな本だったら買って読む。三次情報、四次情報で加工しつくしたようなやつは、読んでも何の意味もない。

この他に世の中には〝生《なま》の情報〟というのがある。それを見極めて収集する力が必要だ。

大きな歴史の流れでものを見よ

どんな人でも、過去に騙された経験があるだろう。大事なことは、同じことで二度騙されないことだ。〝鬼たち〟は二度騙しにくる。値下がりして大損している投資信託を売った銀行マンがまたやって来て、「奥様、困りましたね。これを処分して、今度こそ儲けましょう。損した分も取り戻しましょう」「リカバリー・ショットですよ」と性懲りもなく言い寄ってくる。何度でも買わせて手数料をとる。鬼たちは、一度騙した相手のところに必ず戻ってくる。

しかし本当に質の良いものは、時間をかければわかるものである。時間が経てば、本物かニセモノかは露呈する。洋服や家もそうだ。質の良いものは時間をかければかけるほどわかる。新築で家を建てたときはわからない。それをじーっと見る。それが年月が経つうちに、どんどん真価が見えてくる。欠点もあちこち露《あら》わになる。手を抜いて建てた家やいい加減な製品は、時が経つとガタガタになる。じーっと物事の全体を見つめていると、真実が見えてくる。

人間も同じだ。長い時間に耐えられないものはダメだ。一過性《いっかせい》の、そのときどきの流行《はやり》ものの言論や知識を振りまいている人々は、やがて消えていなくなる。必ず馬脚《ばきゃく》を露わす。そういう目をもって、自分の周りの人間たちも見るのである。

消費生活センター一覧

金融商品のことで「騙された」と思ったら、すぐに自分の住む都道府県の以下の消費生活センターに相談に行ってください。親切に話を聞いてくれます。助言はもらえます。ただし、そこまでです。そのあとは自分で闘うしかありません。

副島隆彦

【北海道・東北】	
北海道	北海道立消費生活センター 〒060-0003　札幌市中央区北3条西7丁目　北海道庁別館西棟 ☎(050)7505-0999
青森	消費生活センターNPO法人青森県消費者協会 〒030-0822　青森市中央3-20-30　県民福祉プラザ5階 ☎(017)722-3343
	消費生活センター弘前相談室 〒036-8345　弘前市大字蔵主町4　弘前合同庁舎別館2階 ☎(0172)36-4500
	消費生活センター八戸相談室 〒039-1101　八戸市大字尻内町字鴨田7　八戸合同庁舎1階 ☎(0178)27-3381
	消費生活センターむつ相談室 〒035-0073　むつ市中央1-1-8　むつ合同庁舎1階 ☎(0175)22-7051
岩手	県民生活センター 〒020-0021　盛岡市中央通3-10-2 ☎(019)624-2209
	県南広域振興局消費生活相談室北上相談室 〒024-8520　北上市芳町2-8 ☎(0197)65-2731

岩手	**県南広域振興局消費生活相談室** 〒023-0053　奥州市水沢区大手町1-2 ☎(0197)22-2813
	県南広域振興局消費生活相談室一関相談室 〒021-0027　一関市竹山町7-5 ☎(0191)26-1411
	県南広域振興局消費生活相談室千厩相談室 〒029-0803　一関市千厩町千厩字北方85-2 ☎(0191)52-4901
	沿岸広域振興局大船渡地域振興センター消費生活相談室 〒022-8502　大船渡市猪川町字前田6-1 ☎(0192)27-9911
	県南広域振興局消費生活相談室遠野相談室 〒028-0525　遠野市六日町1-22 ☎(0198)62-9930
	沿岸広域振興局宮古地域振興センター消費生活相談室 〒027-0072　宮古市五月町1-20 ☎(0193)64-2211
	県北広域振興局消費生活相談室 〒028-8042　久慈市八日町1-1 ☎(0194)53-4981
宮城	**環境生活部消費生活・文化課相談啓発班（宮城県消費生活センター）** ☎〒980-8570　仙台市青葉区本町3-8-1 ☎(022)261-5161
	北部地方振興事務所県民サービスセンター 〒989-6117　大崎市古川旭4-1-1　大崎合同庁舎 ☎(0229)22-5700
	東部地方振興事務所県民サービスセンター 〒986-0812　石巻市東中里1-4-32　石巻合同庁舎 ☎(0225)93-5700
	大河原地方振興事務所県民サービスセンター 〒989-1243　柴田郡大河原町字南129-1 ☎(0224)52-5700
	東部地方振興事務所登米地域事務所県民サービスセンター 〒987-0511　登米市迫町佐沼字西佐沼150-5　登米合同庁舎 ☎(0220)22-5700

宮城	**北部地方振興事務所栗原地域事務所県民サービスセンター** 〒987-2251　栗原市築館藤木5-1　栗原合同庁舎 ☎(0228)23-5700
	気仙沼地方振興事務所県民サービスセンター 〒988-0034　気仙沼市朝日町1-1 ☎(0226)22-7000
秋田	**生活センター** 〒010-0001　秋田市中通2-3-8　アトリオン7階 ☎(018)835-0999
	鹿角地域振興局総務企画部地域企画課 〒018-5201　鹿角市花輪字六月田1 ☎(0186)22-0456
	北秋田地域振興局総務企画部地域企画課 〒018-3393　北秋田市鷹巣字東中岱76-1 ☎(0186)62-1251
	山本地域振興局総務企画部地域企画課 〒016-0815　能代市御指南町1-10 ☎(0185)55-8004
	由利地域振興局総務企画部地域企画課 〒015-8515　由利本荘市水林366 ☎(0184)22-5432
	仙北地域振興局総務企画部地域企画課 〒014-0062　大仙市大曲上栄町13-62 ☎(0187)63-5114
	平鹿地域振興局総務企画部地域企画課 〒013-8502　横手市旭川1-3-41 ☎(0182)32-0594
	雄勝地域振興局総務企画部地域企画課 〒012-0857　湯沢市千石町2-1-10 ☎(0183)73-8191
山形	**消費生活センター** 〒990-8570　山形市松波2-8-1 ☎(023)624-0999
	庄内消費者センター 〒997-1392　東田川郡三川町大字横山字袖東19-1 ☎(0235)66-5451
福島	**消費生活センター** 〒960-8043　福島市中町8-2　自治会館1階 ☎(024)521-0999

【関東】	
茨城	消費生活センター 〒310-0802　水戸市柵町1-3-1　水戸合同庁舎1階 ☎(029)225-6445
栃木	消費生活センター 〒320-8501　宇都宮塙田馬場町1-1-20　県庁本館7階南側くらし安全安心課消費者行政推進室 ☎(028)665-7744
群馬	消費生活センター（群馬県生活文化部消費生活課） 〒371-8570　前橋市大手町1-1-1　群馬県庁2階 ☎(027)223-3001
埼玉	消費生活支援センター 〒333-0844　川口市上青木3-12-18 ☎(048)261-0999
	消費生活支援センター川越 〒350-1124　川越市新宿町1-1-1　埼玉県川越地方庁舎分館内 ☎(049)247-0888
	消費生活支援センター春日部 〒344-0038　春日部市大沼1-76　春日部地方庁舎内2階 ☎(048)734-0999
	消費生活支援センター熊谷 〒360-0014　熊谷市箱田5-13-1 ☎(048)524-0999
千葉	消費者センター 〒273-0014　船橋市高瀬町66-18 ☎(047)434-0999
東京	消費生活総合センター 〒162-0823　新宿区神楽河岸1-1　セントラルプラザ16階 ☎(03)3235-1155
神奈川	かながわ中央消費生活センター 〒221-0835　横浜市神奈川区鶴屋町2-24-2　かながわ県民センター 6階 ☎(045)311-0999
【甲信越・北陸】	
新潟	消費生活センター 〒950-0994　新潟市中央区上所2-2-2　新潟ユニゾンプラザ ☎(025)285-4196
富山	消費生活センター 〒930-0805　富山市湊入船町6-7　富山県民共生センター内 ☎(076)432-9233

富山	消費生活センター高岡支所 〒933-0045　高岡市本丸町7-1　高岡市本丸会館新館内 ☎(0766)25-2777
石川	消費生活支援センター 〒920-8204　金沢市戸水2-30 ☎(076)267-6110
福井	消費生活センター 〒910-0858　福井市手寄1-4-1　AOSSA 7階 ☎(0776)22-1102
	嶺南消費生活センター 〒917-0069　小浜市小浜白鬚112　つばき回廊業務棟3階 ☎(0770)52-7830
山梨	県民生活センター 〒400-0035　甲府市飯田1-1-20　山梨県JA会館5階 ☎(055)235-8455
	県民生活センター地方相談室 〒402-0054　都留市田原3-3-3　南都留合同庁舎1階 ☎(0554)45-5038
長野	長野消費生活センター 〒380-0936　長野市大字中御所字岡田98-1 ☎(026)223-6777
	松本消費生活センター 〒390-0811　松本市中央1-23-1 ☎(0263)35-1556
	松本消費生活センター岡谷支所（消費生活センターおかや） 〒394-0027　岡谷市中央町1-1-1　ララオカヤ1階 ☎(0266)23-8260
	飯田消費生活センター 〒395-0034　飯田市追手町2-641-47 ☎(0265)24-8058
	上田消費生活センター 〒386-8555　上田市材木町1-2-6 ☎(0268)27-8517
【東海】	
岐阜	県民生活相談センター 〒500-8384　岐阜市薮田南5-14-53　県民ふれあい会館1棟5階 ☎(058)277-1003

岐阜	**西濃振興局振興課** 〒503-0838　大垣市江崎町422-3　西濃総合庁舎内 ☎(0584)73-1111
	中濃振興局振興課 〒505-8508　美濃加茂市古井町下古井2610-1　可茂総合庁舎内 ☎(0574)25-3111
	中濃振興局中濃事務所振興課 〒501-3756　美濃市生櫛1612-2　中濃総合庁舎内 ☎(0575)33-4011
	東濃振興局振興課 〒507-8708　多治見市上野町5-68-1　東濃西部総合庁舎内 ☎(0572)23-1111
	東濃振興局恵那事務所振興課 〒509-7203　恵那市長島町正家後田1067-71　恵那総合庁舎内 ☎(0573)26-1111
	飛騨振興局振興課 〒506-8688　高山市上岡本町7-468　飛騨総合庁舎内 ☎(0577)33-1111
静岡	**中部県民生活センター** 〒422-8067　静岡市駿河区南町14-1　水の森ビル3階 ☎(054)202-6006
	西部県民生活センター 〒430-0933　浜松市中区鍛冶町100-1　ザザシティ浜松中央館5階 ☎(053)452-2299
	東部県民生活センター 〒410-0801　沼津市大手町1-1-3　沼津商連会館ビル2階 ☎(055)952-2299
	東部県民生活センター賀茂駐在 〒415-0016　下田市中531-1　下田総合庁舎2階 ☎(0558)24-2299
愛知	**中央県民生活プラザ** 〒460-8501　名古屋市中区三の丸3-1-2　自治センター1・2・3階 ☎(052)962-0999
	尾張県民生活プラザ 〒491-0859　一宮市本町4-3-1　ルボ・テンサンビル4階 ☎(0586)71-0999
	海部県民生活プラザ 〒496-8531　津島市西柳原町1-14 ☎(0567)24-9998

愛知	知多県民生活プラザ 〒475-8501　半田市出口町1-36 ☎(0569)23-3300
	西三河県民生活プラザ 〒444-8551　岡崎市明大寺本町1-4　西三河総合庁舎1階 ☎(0564)27-0999
	豊田加茂県民生活プラザ 〒471-0026　豊田市若宮町1-57-1　A館T-FACE7階 ☎(0565)34-1700
	新城設楽県民生活プラザ 〒441-1365　新城市字石名号20-1　新城設楽総合庁舎1階 ☎(0536)23-8701
	東三河県民生活プラザ 〒440-8515　豊橋市八町通5-4 ☎(0532)52-0999
三重	消費生活センター（三重県生活・文化部交通安全・消費生活室） 〒514-0004　津市栄町1-954　三重県栄町庁舎3階 ☎(059)228-2212
【近畿】	
滋賀	消費生活センター 〒522-0071　彦根市元町4-1 ☎(0749)23-0999
	湖北環境総合事務所総務課 〒526-0033　長浜市平方町1152-2 ☎(0749)65-6651
京都	消費生活安全センター 〒601-8047　京都市南区新町通九条下ル　京都テルサ内 ☎(075)671-0004
	中丹広域振興局　商工労働観光室 〒625-0036　舞鶴市字浜2020 ☎(0773)62-2506
	山城広域振興局 商工労働観光室 〒611-0021　宇治市宇治若森7-6 ☎(0774)21-2103
	南丹広域振興局 商工労働観光室 〒621-0851　亀岡市荒塚町1-4-1 ☎(0771)23-4438

京都	丹後広域振興局 商工労働観光室 〒627-8570　京丹後市峰山町丹波855 ☎(0772)62-4304
大阪	消費生活センター（生活情報ぷらざ） 〒540-6591　大阪市中央区大手前1-7-31　大阪マーチャンダイズ・マートビル1階 ☎(06)6945-0999
兵庫	健康生活科学研究所生活科学総合センター 〒650-0046　神戸市中央区港島中町4-2 ☎(078)303-0999
	東播磨生活科学センター 〒675-8566　加古川市加古川町寺家町天神木97-1　兵庫県加古川総合庁所内 ☎(079)424-0999
	姫路生活科学センター 〒670-0092　姫路市新在家本町1-1-22 ☎(079)296-0999
	西播磨生活科学センター 〒679-4311　たつの市新宮町宮内458-7 ☎(0791)75-0999
	但馬生活科学センター 〒668-0056　豊岡市妙楽寺41-1 ☎(0796)23-0999
	淡路生活科学センター 〒656-1521　淡路市多賀600 ☎(0799)85-0999
	丹波の森公苑生活情報相談コーナー 〒669-3309　丹波市柏原町柏原5600 ☎(0795)72-0999
奈良	消費生活センター 〒630-8213　奈良市登大路町10-1 ☎(0742)26-0931
	葛城保健所食の安全・消費生活相談窓口 〒635-8508　大和高田市大中98-4 ☎(0745)22-0931
和歌山	消費生活センター 〒640-8319　和歌山市手平2丁目1-2　県民交流プラザビッグ愛8階 ☎(073)433-1551
	消費生活センター紀南支所 〒646-0027　田辺市朝日ケ丘23-1　県西牟婁総合庁舎1階 ☎(0739)24-0999

【中国】	
鳥取	消費生活センター西部消費生活相談室 〒683-0043 米子市末広町294 米子コンベンションセンター4階 ☎(0859)34-2648
	消費生活センター東部消費生活相談室 〒680-0011 鳥取市東町1-271 県庁第二庁舎2階 ☎(0857)26-7605
	消費生活センター中部消費生活相談室 〒682-0816 倉吉市駄経寺町212-5 倉吉未来中心1階 ☎(0858)22-3000
島根	消費者センター 〒690-0887 松江市殿町8-3 島根県市町村振興センター5階 ☎(0852)32-5916
	消費者センター石見地区相談室 〒698-0007 益田市昭和町13-1 益田合同庁舎1階 ☎(0856)23-3657
岡山	消費生活センター 〒700-0807 岡山市北区南方2-13-1 きらめきプラザ5階 ☎(086)226-0999
	消費生活センター津山分室 〒708-8506 津山市山下53 美作県民局 ☎(0868)23-1247
広島	環境県民局総務管理部消費生活課（広島県生活センター） 〒730-8511 広島市中区基町10-52 ☎(082)223-6111
	呉地域県民相談室 〒737-0811 呉市西中央1-3-25 広島県西部総務事務所(呉支所)内 ☎(0823)22-5400
	東広島地域県民相談室 〒739-0014 東広島市西条昭和町13-10 広島県西部総務事務所(東広島支所)内 ☎(082)422-6911
	尾三地域県民相談室 〒722-0002 尾道市古浜町26-12 広島県東部総務事務所総務第二課内 ☎(0848)25-2011
	福山地域県民相談室 〒720-0031 福山市三吉町1-1-1 広島県東部総務事務所内 ☎(084)931-5522

広島	北部地域県民相談室 〒728-0013　三次市十日市東4-6-1　広島県北部総務事務所内 ☎(0824)62-5522
山口	消費生活センター 〒753-0821　山口市葵2-6-2 ☎(083)924-0999
【四国】	
徳島	消費者情報センター 〒770-0902　徳島市城内2番地1　とくぎんトモニプラザ5階 ☎(088)623-0110
香川	消費生活センター 〒760-8570　高松市番町4-1-10　香川県庁内 ☎(087)833-0999
	東讃県民センター 〒769-2401　さぬき市津田町津田930-2　大川合同庁舎内 ☎(0879)42-1200
	中讃県民センター 〒765-0014　善通寺市生野本町1-1-12　仲多度合同庁舎内 ☎(0877)62-9600
	西讃県民センター 〒768-0067　観音寺市坂本町7-3-18　三豊合同庁舎内 ☎(0875)25-5135
	小豆県民センター 〒761-4121　小豆郡土庄町渕崎甲2079-5　小豆合同庁舎内 ☎(0879)62-2269
愛媛	消費生活センター 〒791-8014　松山市山越町450 ☎(089)925-3700
高知	消費生活センター 〒780-0935　高知市旭町3-115　こうち男女共同参画センター2階 ☎(088)824-0999
【九州・沖縄】	
福岡	新社会推進部生活安全課消費生活センター 〒812-0046　福岡市博多区吉塚本町13-50　吉塚合同庁舎1階 ☎(092)632-0999
佐賀	くらしの安全安心課（佐賀県消費生活センター） 〒840-0815　佐賀市天神3-2-11　アバンセ内 ☎(0952)24-0999

長崎	消費生活センター 〒850-0057　長崎市大黒町3-1　長崎交通産業ビル4階 ☎(095)824-0999
熊本	環境生活部食の安全・消費生活課消費生活センター 〒862-8570　熊本市水前寺6丁目18-1 ☎(096)383-0999
大分	消費生活・男女共同参画プラザ 〒870-0037　大分市東春日町1-1 ☎(097)534-0999
宮崎	消費生活センター 〒880-0051　宮崎市江平西2-1-20 ☎(0985)25-0999
	都城地方消費生活センター 〒885-0024　都城市北原町16-1 ☎(0986)24-0999
	延岡地方消費生活センター 〒882-0812　延岡市本小路39-3 ☎(0982)31-0999
鹿児島	消費生活センター 〒892-0821　鹿児島市名山町4-3 ☎(099)224-0999
	大島消費生活相談所 〒894-8505　奄美市名瀬永田町17-3 ☎(0997)52-0999
沖縄	県民生活センター 〒900-0036　那覇市西3-11-1　沖縄県三重城合同庁舎(ているる)4階 ☎(098)863-9214
	県民生活センター宮古分室 〒906-0012　宮古島市平良西里1125　宮古支庁1階 ☎(098)072-0199
	県民生活センター八重山分室 〒907-0002　石垣市字真栄里438-1　八重山合同庁舎1階 ☎(0980)82-1289

(2010.4.9　国民生活センターHPから作成)

あとがき

「お金で騙された人々」のあれこれを挙げて、どのような金融商品でどのように騙されたのかを見てきました。「自分はこんなひどい目には遭わない」と、今は他人事として眺めている人たちも多いことだろう。だが、その人々にしても、これからさらに日本国に襲いかかってくる大きな金融崩れの津波のことを自覚していない。今は世界中の金融・経済状勢は、一服《いっぷく》して一段落の小康状態である。

このあと起きる少しくらいの株価の暴落や、為替（円ドル相場）の暴落や、債券（国債）の暴落ぐらいでは、人々は大して危機感を抱かない。そしてそのあと、次の大きな〝アメリカ発の金融恐慌〟がやってくるのである。それは、ニューヨークの金融市場を取り仕切っている人たちが、あまりにも強欲（グリード）と拝金（マモンの神）に取り憑《つ》かれているからだ。世界中から騙し取り、寄せ集めてきた資金をいろいろな金融市場で、複雑で危険な金融商品に作り変えて、その挙げ句、吹き飛ばして大損をしている。すでに消えてしまった2000兆円（22兆ドル）もの資金はもう戻ってこない。その損失がまだ表面化していないので、世界中の人々にはっきりと見えないだけだ。

デリバティブズ（金融バクチ商品）の契約解消の期限がどうしても迫ってきつつある。アメリカ政府（米財務省）とFRB（アメリカの中央銀行）が、どれだけの防御策や金融秩序維持の策を実行しても、防げなくなりつつある。この大きなトレンド（流れ）を自覚すべきだ。「金融危機は過ぎ去った。あとは景気回復を待つだけだ」と、楽観的に安易に考えてはいけない。そういう人々は、再び、ひどい目に遭うだろう。

本書『お金で騙される人、騙されない人』の最大の対策は、冒頭で書いた通り、やはり、**①注意すること　②ほんのわずかでいいから「変だな」と疑うこと　③警戒心を持つこと**、である。これ以外に、自分で自分を危険から救い出す道はない。

最後に。幻冬舎新書編集部の相馬裕子さんに、たくさんの苦労をおかけして伴走していただいた。また、小木田純子編集長、志儀保博編集総局長から、あたたかいご支援をいただきました。記して感謝します。

二〇一〇年三月

副島　隆彦

幻冬舎新書 160

お金で騙される人、騙されない人

二〇一〇年四月二十五日 第一刷発行
二〇一〇年四月 三十 日 第二刷発行

著者 副島隆彦
発行人 見城 徹
編集人 志儀保博
発行所 株式会社 幻冬舎
〒一五一-〇〇五一 東京都渋谷区千駄ヶ谷四-九-七
電話 〇三-五四一一-六二一一(編集)
〇三-五四一一-六二二二(営業)
振替 〇〇一二〇-八-七六七六四三
ブックデザイン 鈴木成一デザイン室
印刷・製本所 株式会社 光邦

Printed in Japan ISBN978-4-344-98161-4 C0295
そ-1-1
幻冬舎ホームページアドレス http://www.gentosha.co.jp/
*この本に関するご意見・ご感想をメールでお寄せいただく場合は、comment@gentosha.co.jpまで。